すべては宇宙の采配

奇跡のりんご農家
木村秋則

本書をより理解するために――

特別寄稿　茂木健一郎（脳科学者）

体験の真実

この本に書かれている木村秋則さんの体験を、信じられないという人もいるかもしれない。特に、合理主義の人はそうだろう。木村さんが体験したようなことが起こるはずがない、幻覚だったのではないかと思う人も多いと思う。

問題なのは、ある体験が正しいか、正しくないか、ということではない。その体験が、その人にとって、どれほどの真実を含んでいるかということである。

不可能と言われた無農薬、無肥料でのりんごの栽培を実現した木村秋則さん。そのプロセスでは、もちろん、冷静な観察力やものごとを論理的に考える力が必要だった。バイクのエンジンを分解して改良するくらいの粘り強さと技術力を持っている木村さん。科学的考え方がどのようなものかくらいは、当然知っている。

大切なのは、すでに現実にあるものではなく、これからあるべきものを見る力。目に見えないものを見て、自らのヴィジョンを信じて突き進んでいく力。そのような力を、木村秋則さんは信じられないような体験から得て来たのだろう。

私は、これらの体験が木村さんにとって真実であったことを信じる。あくまでも、手法や技術は合理を貫く。しかし、志は、他人には容易に信じてもらえないような体験の真実から生まれる。常人の域を超えた精神的支柱があったからこそ、木村秋則さんは「奇跡のりんご」を作ることができたのである。

茂木健一郎

まえがき

わたしの身のまわりでは、常識では考えられないことがたくさん起こります。

現代の科学では証明できない類の話です。

農薬も肥料も一切使わないで最高に美味しいりんごが実るのもそのひとつですが、これから記す話は多くの方に、「おい、オジサン、大丈夫？」「ついに頭がおかしくなったか？」と心配されるでしょう。

しかし、わたしはこう思うのです。この世界で、人間が理解できること、理解していることなんて、ほんのわずかに過ぎないと。

わたしは、不可能だといわれた無農薬・無肥料のりんごの栽培をなんとか成功させました。そのときに、世間で理解されているものほど当てにならないことを知りました。「立派な作物を作るには……」と教えられた常識は、ことごとく外れていました。

辛酸を舐めて、次から次にいろんなやり方を試しては失敗して、ようやくある程度のかたちが見えるようになって振り返ってみれば、かつて正しいと教えられていたことは、決して正しくなかったことがわかりました。そして、わたしが身を持って知った知識だけが、わたしにとっての新たな常識となり、その常識は、わたしだけのものではなく、志を同じくする農家の、新しい共通認識として広がりつつあります。

わたしは「大事なことは、目に見えるものや、地上に出ているものだけではないんだ」ということに気がつきました。

地中には、表に出ている作物の、少なくとも2倍以上の長さの根が張っています。土のなかには2倍以上の世界があるのです。

目に見える地上部だけを見て右往左往し、必死になってりんご作りをしているとき、わたしにはそれがわかりませんでした。

しかし、土の大切さに気づいて気を配るようになってから、りんごの栽培はぐんぐんと前に進み始めました。

目に見えていることだけ見ていても、本当のこと、真実はわからないのです。

それは無農薬・無肥料の自然栽培に限ったことではありません。

人間もそうです。

大事なことは、目に見えない部分にあります。

あなたの表に出ていない、自分自身の土壌と根はどうなっているでしょうか?

写真のタンポポは、上から順番に、

「肥料を施し、農薬を撒いた畑」

「無肥料の道端」

「無農薬・無肥料のわたしの畑」

それぞれに咲いたものです。大きさをわかりやすくするため、わたしがいつも吸っているハイライトを並べてみました。

アブラムシが葉の裏や茎にいっぱいついています

アブラムシはいませんが、根が短く花が小さい。朝鮮人参みたいです

虫がいなくて花が大きい。成長のいいものだと60センチぐらいになります

ブクブクとメタボリック感のあるタンポポ。

痩せこけて栄養が不足気味に見えるタンポポ。

スクスク伸びやかに育ったタンポポ。

それぞれの土壌がどのような状態であるか、土のなかで伸びている根がどれくらいか、想像してみてください。肉眼では決して見ることのできない土中のバクテリアの活動や、根の成長に思いを馳せてください。

わたしの畑に1立方センチメートルあたり30億個いるといわれるバクテリアは、顕微鏡を使ってもその全貌を知ることは不可能です。引っこ抜いた根の姿も、地下部にあるときの状態とは違うかたちでしか見ることができず、真の姿を知ることはできません。

人生も、いま見えている部分、隠れている部分、このふたつが1対2以上の割合で存在するのではないでしょうか。

本書は、人がいま認識している現実、その2倍はあるはずの認識できていない真実、それを読者とともに考察するために、誤解されるのを覚悟のうえで書いたものであります。

すべては宇宙の采配

目次

すべては宇宙の采配

構成――大道絵里子
カバー写真&本文写真――首藤幹夫
写真提供（巻末）――篠原光宏
カバーデザイン――有限会社ぴぃぴぃぴぃ
プロデューサー――山本達浩
Special thanks――八戸倫理法人会（会長・木村禮子）
高島伶明
山崎隆（レストラン山崎）
制作――シーロック出版社

わたしは霊感とやらがあるわけでも、スピリチュアルに興味があるわけでもありません。

神様や仏様、そういう方面には、とんと疎いタイプです。

リンゴがならなくなってからは、神棚を拝むのもやめました。

初詣にすら行きません。もう20年くらい行ってないな。

もちろん、どこかの宗教の回し者でもありません。

津軽でリンゴ農家を営むふつうの59歳であることを、最初にお断りしておきます。

第1章　不思議の始まり

マンダラ

青森県八戸市の海岸沿いに建つシーガルビューホテル。癒しのシーリゾートとして有名なこのホテルで催された講演会に弘前から駆けつけました。２年ほど前の出来事です。

開演の時刻になり、話を聞きにきてくれたお客さんでいっぱいになった大宴会場に入ると、みなさんがザワザワとしはじめました。

「あらら、わたしもとうとうそんなに有名人になってしまったかな」

自ら冗談を飛ばして緊張をほぐしながら１００人は居る聴衆に目をやりましたが、どうやらそうではないようです。人々はわたしのほうを指差して、ヒソヒソ話しています。

「なに、あれ？」

「ホラホラ、あの白いの、見えない？」

「どこ？」

「ホラ、あれあれ。木村さんの後ろに浮かんでるでしょ」

わたしはなんのことかさっぱりわからず、その様子をただ愛想笑いをつくりながら見ていました。

そのうちだんだん状況が察せられ、要するにわたしの側《そば》にいる「なにか」が見えている人と、見えていない人がいて、そのことを巡って騒いでいるのです。

「あれ？　わたし、なんかヘンなもんでもくっつけてきたかな」

背後を確認しましたが、なにも見えません。

カメラを持っている人や、ケータイを持っている人たちが、わたしのちょっと後ろを狙ってシャッターを切りはじめました。

その間《かん》、1～2分だったと思います。騒ぎは次第に静まり、司会者による紹介と会場の暖かい拍手を機に講演を始め、無事終了させることができました。

会場から外に出て、主催者のひとりに早速訊ねてみました。

すると、わたしが扉を開けて宴会場に入ってくると同時に、白くて大きな発光体が一緒にぶわーっと入ってきたらしいのです。そして、わたしが歩く速度でついていったというのです。

その関係者は「見えた」といいましたが、すぐ隣りに座っていたもうひとりの関係者は「見えなかった」といいました。やはりだれにでも見えたわけではなかったようですが、「見えた」人が何人もいたのは、会場の至るところでばらばらと同時多発的にざわつきはじめたことから明らかです。

会場に来ていた知人が、その模様を撮っていました。ただ、それは謎の発光体を写そうと撮ったわけではなく、講演会の様子を記録するためでした。

デジカメは写したその場で確認できますが、知人はフィルムでしたので、現像に出したプリントを見るまで、なにが写っているか判明しません。

果たして、現像から戻ってきた写真にはしっかりと白い発光体が写っていました。

最初は「人魂じゃないのかな」と思いましたが、スキャニングしてデータをパソコンに取り込み、その部分を拡大していくと、白いなかに、なにかがぼんやりと見えてきたのです。

それはなんと……曼荼羅《まんだら》でした。

胡座《あぐら》をかいて手を下で組んでいる仏像のようなものが6体ほど、丸く配置されている様子がおぼろげながらに見えたのです。

調べてみると、曼荼羅とは、「仏教（特に密教）の経典の内容を仏画に置き換えたもの」もしくは、「宇宙における根本原理を具体的に表したもの」

なぜこんなものがわたしの側で浮いていたのか、いまでもわかりませんが、わたしはこういった不思議な現象と非常に縁のある人生を歩んできたのです。

別の時間

高校2年生の7月に、生まれて初めて不思議な体験をしました。

田植えが終わって、夏休みまでもう少しという時期でした。

授業を終えて自転車に乗り、いつもの帰り道をふらふらとこいでいました。早く帰ると畑の手伝いをさせられるので、なるべくのんびり走って時間を稼ぎたいのです。

通学路は大型トラックがすれ違える幅員6メートルの道です。わたしは左側を進んでいて、右側の前方には同じ方向に歩いているオヤジさんが見えました。

オヤジさんはつなぎを着て、タオルをはちまきのようにして頭に締めていました。すぐ近くには田んぼとパルスモーターという超精密なモーターを作っている工場がありましたから、どちらかで働いている人なのだろうと思いました。ともかく、そんな風体《ふうてい》のオヤジさんが前方を歩いていたのです。

ゆっくりこいでも自転車ですから、あっという間《ま》に前方のオヤジさんに追いつきました。

左横には、すぐ先の十字路の交差点まで続く、垣根のような防風林がありました。その内側には湧き水が出る水飲み場があり、学校の帰りにときどき寄り道をしては水を飲んで帰っていました。

のろのろと自転車で走りながら、「あ～、早く帰るのも嫌だし、どこかに寄っていこうかなぁ……」などと考えていたそのとき、道路の反対側をてくてくと歩いていたオヤジさんの動きが、ピタッと止まってしまったのです。それも片足を挙げたまま。

「あれ？」

オヤジさんを注意深く見ていたわけではありませんが、なんとなく目の端で捕らえていました。それがピタッと停止したからびっくりです。自転車に乗ったまま足を着いて止まり、オヤジさんの様子をしっかりと見ましたが、やはり歩いている途中、まるで時が止まったように片足を浮かして固まっていました。

「オヤジさん、なにしてんだ?」

パントマイムのように完璧に止まっているオヤジさんに目をぱちくりさせていると、左側にある防風林の上から、いきなり巨大なワニの親分みたいな顔がドテッと現れたのです。半端な大きさではありません。防風林の向かいにある梅干屋さんに届くくらいの長さで、道路いっぱいに恐ろしげな顔を広げています。わたしの位置からは長く伸びた口元と、人間の太ももくらいある太いヒゲが、なまずのヒゲのようにうにょうにょと動いているのが見えます。ワニの親分の目はまだ後方にあるらしく見えません。

そんなものが突然目の前に現れたのです。完全な思考停止に陥りました。ただ呆然とそのゴツゴツした顔を見ているしかありませんでした。

しかし、助けを求めるとか、逃げだそうという気持ちにはなりませんでした。

ふと見ると、オヤジさんは相変わらず動いていません。依然として地面から片足を離したままで、構図も変わっていません。そのときようやく頭が動き、

「もしかしたら、時間が止まってるんじゃないの?」

と思いました。

次の瞬間、巨大なワニの親分は、防風林を曲がったところにある松の木に移動していました。どアップの顔しか見えなかった先ほどと違い、離れてみてようやく全体像がつかめました。

龍でした。

そこで初めて自転車から降りました。オヤジさんの足が止まって龍の顔が目の前に現れてからは、あまりに驚きすぎてからだの動きもほとんど停止していたのです。

龍がとまった松は、むかしからそこに2本並んでいる松でした。1本は細く、隣りに太い松がありました。

巨大な龍ですから、太い松のほうにいるのかと思ってよく見ると、なぜか細い松の先端にしっぽだけを引っかけるようなかたちで空に向かって伸びていました。すずめが乗ってもしなるような松の先に絡まりながら、軽々と浮いているのです。

「あんなにリアルに見える龍なのに、1グラムもないのかな？」

そう考えながら、しばらく見ていました。龍が顔を上げて天を見ていたこともあり、

「ああ、そろそろ帰っていくんじゃないかな」

と思った瞬間、空に向かって一直線に飛んでいったのです。くねくねとした動作ではなく、真っすぐに飛んでいきました。

次第に小さくなっていく龍の姿を、1本の糸のようになるまで見送っていましたが、や

がて雲のなかに消えていきました。

横を見ると、オヤジさんが歩きはじめていました。なにもなかったように、止まる前から続く動作のように自然に歩いていました。

わたしはこのとき、人間が感じている時間と、そうではない時間、その両方を認識できたのではないかと思います。その中間地点に入ったのかもしれません。

急いで家に帰り、畑にいる両親にいま見てきた話をしました。

「なにをバカなことをいって……」とは一切いわれませんでした。「もしかしたらそんなこともあるかもしれない」と自然に考えるような両親だったのです。それどころか、想像上の生き物だといわれる、だれも見たことがない龍を我が息子が見たということで、喜んでいるようでした。

実父はだんだん盛り上がってきて、

「すごいもん見たな！　よし、そこに行こう」

と一緒に現場に戻ることになりました。

むかしから龍は神様の遣いといわれています。両親は「縁起物を見た」という感覚なのかと思いました。

残念ながら戻ってみても龍を見ることはできませんでした。実父は、「あ〜、一度見たかったなあ」とつぶやいていました。

龍がドテッと出てきた防風林の向こうにある湧き水は、江戸時代からこんこんと湧き、人が飲むだけでなく、馬に飲ませるために立ち寄ったりと、憩いの場として愛用されていたそうです。

「だからよ、この水飲み場なら、龍がいてもおかしくないのよな」

両親は興奮気味に話し合っていました。

そもそもむかしから日本をはじめ東洋では、龍神は繁栄の神様であると伝えられてきました。西洋のキリスト教でもドラゴンに対して「悪者」という記述はひとつもありません。共通しているのは、龍は神か、もしくは神の遣いだということ。

その話とつながるのかどうかわかりませんが、1年ぐらいしてから、水飲み場と同じ敷地に建っていた、たしか海苔を扱う商売をしていた家が、解体してしまいました。

相当古くからある茅葺き屋根の大きな家でした。家というのは人が住んでその姿を守っています。長いあいだ空き家になると荒れていきますが、その通り、目に見えるようにして崩壊が進み、見るも無残にボロボロになってしまいました。しばらく、前を通るたびに複雑な気分になりました。

わたしが龍を見たという話をどこかで聞きつけて、『日本龍神の会』だという人が家に来たことがありました。龍を研究しているのでしょう、

「何色でしたか？」

「指は3本でしたか？」

「玉は持っていましたか？」

と、細かいことを次から次に質問してきたのですが、細部は覚えていません。それは見ていない人だからできる質問であって、実際に近くで見た感想といえば、「ワニの親分みたいだ」というくらい。じっくり観察するような余裕などありません。

それでも……ただひとつだけしっかりと覚えていることがあります。

目の前に龍が現れたとき、口がパクパクと動いた気がして、

「なにかをいっている！」

と感じたのです。

最初のモゴモゴとした部分は、なんといっているのかよくわからなかったのですが、そのあと頭のなかに、ある言葉がポーンと入ってきたのです。そして、

「話すな」

といわれました。

「出会ったことを他人に話すな」

という意味ではなく、

「伝えた言葉を人に話すな」

ということです。

龍からいわれたある言葉、いまも鮮明に覚えていますが、だれにも話せません。

この言葉に、わたしはその後の人生で何度か出会うのです。

たった1度の1等賞

それまでの少年時代は、いたって平穏な日々でした。

幼稚園に数カ月通ったのちに小学校へ上がり、地元の中学校へ進学しました。

勉強も運動もほどほどでした。というより、あまり知恵が良かったとはいえず、運動も苦手でしたから、まったく目立たない子供だったでしょう。

スポーツはとくに大嫌いでした。運動会（当時は記録会といいました）などは、考えただけでお腹が痛くなるくらいイヤでした。運動会でよく使われるあの明るくて軽快なマーチも、わたしにとっては聞くだけで胃がキュッと縮むような、胃潰瘍になりそうな、憂鬱で仕方がなくなる曲でした。その時期になると、「あー、雨が降りますように、中止になりますように……」と真剣に願っていたくらいです。

そんな調子ですから小学校から高校に至るまで、運動会の競技はほとんどビリに近く、ロクな思い出はありません。

ただ、1回だけ1等賞を取ったことがあるのです。

中学校のときに走った障害物競走でした。

片方の足に下駄を履き、もう片方の足に田植え用の長靴を履いて、網をくぐったり、人工的に作った水たまりをバチャバチャと越えたりするのですが、いつも1着を取っている同級生を追い抜いてダントツで1位になったのです。

平坦な徒競走はいつもビリなのに、山あり谷ありの障害物競走ではトップを取れたというわけです。

そんな中学時代を過ごしたのは昭和30年代後半。戦後のベビーブーム世代ですから、A組からG組まで7クラスもありました。

中学1年生のときのことです。

厳しい冬の寒さを凌ぐために、教室には薪《まき》のストーブが置かれていました。燃料となる薪は好きなだけ使っていいわけではなく、一日に使用可能な量が割り当てられていました。当番の男子生徒が運んできて管理するのですが、寒いのでみんなついついたくさん燃やしてしまいます。定められた量では足りなくなりますから、男子はよく盗みにいっていました。

薪が蓄えられているのは女子トイレの裏です。見つかったら大変ですから、行きも帰りも廊下は通らず、自分たちの教室から天井をつたって行き、直《じか》にまた教室に戻ってくるという技を編み出しました。

しかし、木造の古い造りの校舎でしたから、ミシミシという足音は隠せません。音がしているとみんな、「あぁ、いま薪をかっぱらってるんだな」と笑いをこらえるわけですが、あるとき先生が音に気づき、悪事がバレてしまいました。

「一体どこの組の生徒だ！」

先生は授業を中断してミシミシと音のする方向をたどり、目星をつけてガラッと教室のドアを開けたところ、そこにいたのはわたしでした。

犯人はわたしではありません。

しかし、またタイミングが悪いことに、教室に少し残っていた薪を片づけているところだったのです。

動かぬ状況証拠で、犯人ということになってしまいました。

担任の先生は、「三上（当時の名字は木村ではありません）は薪を盗むような生徒ではない」とかばってくれたのですが、ミシミシを追跡した先生からすれば、わたしが犯人であることは間違いなく、「いや、三上が犯人だ」といって譲らず、とことん怒られたうえ、罰として廊下に2時間正座させられることとなりました。

先生に怒られながら、「たぶんうちのクラスの男子生徒が盗んでいたんだな」と見当がつきました。

ものすごく重大な罪を着せられたわけではありません。同級生を売るようなことはしたくありません。ひと言も言い訳をせず廊下に正座していました。「まぁいいか」と思ったわけです。

薪を盗むほどストーブが必要な時分ですから、廊下はしんしんと冷え込んで、足の感覚は早々になくなって痛みはじめましたが、黙って座っていると、本当に薪を盗んだ同級生たちが担任に、「三上は犯人じゃない、盗んだのは僕たちです」と名乗り出ました。

自分たちの代わりにわたしが怒られて正座させられている姿を見て、たまらなくなったのです。べつに悪いやつではないのです。

わたしには「同級生をかばおう」という強い思いがあったわけではありませんが、結果的にそういうかたちになり、そこからみんなの見る目が変わっていきました。気がつけば、「三上はすごくいいやつだ、頼りになるやつだ」という評判がたっていたのです。

わたしのまわりには、いつも不思議に思うほど人がたくさん集まりました。

そのせいか中学2年の2学期だったか3学期だったか、気がついたら生徒会長の選挙に出ていたのです。どう考えても自分から立候補することなどあり得ませんから、周囲に押し出されたに違いありません。そして、一番票が入り、当選してしまいました。

「優秀だから」という理由ではなかったと思います。冗談をいって笑わせるタイプでもありません。おそらく、傍《はた》から見たらどこか突拍子もないようなところがあり、それが面白かったのではないでしょうか。

3年生でも生徒会長に選ばれ、結果的に2年間もみんなの前に立っていろいろな行事を取り仕切ったり頑張ることとなりました。それも、わたしが率先してリーダーシップを発揮するのではなく、知らないうちに先頭に立たされて引っ張らざるを得ない感じでした。

高校に入っても、人に恵まれました。

運動会では自分のクラスを応援していると、ほかのクラスの友だちがパーッと集まってきて、わたしのクラスを一緒に応援してくれるのです。

そして、ついたあだ名は「社長」。これもなぜかはわからないのですが、みんなに「社長、社長」と呼ばれ、担任の先生からも「社長」と呼ばれていました。

就職・見合い

社長と呼ばれていたわたしは、大して勉強はしていなかったけれども、小さなころから理系のことはとても好きでしたので、高校時代も得意でした。物理や化学、数学も面白いと思っていました。

高校で商業科を選択したのも、それが大きな理由です。実家は農家でしたが、農業を継ぐ気はまったくありませんでした。次男という気安さもあり、まわりも許してくれましたので、農業科ではなく商業科で勉強することを選びました。

中学と同様に高校も人数が多く、ひとクラス55人編成で、A組からB、C、D、E組まで商業科が5組、農業科がF、G組の2組、それから女子だけの家政科があり、それがH、I組の2組。合計9組もありました。同級生は9×55として495人のマンモス高校でした。

これは高校に限らず小学校も中学校も同じですが、わたしたちが住んでいる地域は、同級生の家はほとんどが農家でしたから、田植えの時期や稲刈りの時期になると、学校が休みになります。わたしもよく「田んぼを手伝ってくれ」といわれて家業を手伝っていました。家族総出でやるわけですから休むわけにいかず、それがちょこちょこと忙しくて、部活に入るような時間的余裕はありませんでした。

学校の勉強と家業の手伝いのほかにも、やらなくてはいけない大事なことがありました。将来の目標は税理士でした。

そのころ税理士の試験は、大学卒業の学歴がなくても受けることができました。ただし条件があり、工業簿記1級という資格を取っていなくてはダメでした。あとはそろばん3級くらいですが、この工業簿記1級がかなり難しいのです。

けれども目標があるとやる気が出るものです。農作業を手伝いながら、一生懸命に勉強し、工業簿記1級の試験は高校2年生のときに無事一発で合格することができました。商業科の同級生何人かがチャレンジしている様子でしたが、合格した人はわずかでした。

これでようやく本命である税理士試験を受ける資格を得たわけですが、いまとはまったく違って情報がほとんどありません。傾向と対策を教えてくれる本はなく、もちろんインターネットもありません。一体どんな問題が出るのか、見当のつけようがありませんでした。できる範囲のなかで、ある意味行き当たりばったりのような勉強の仕方をして試験に備えました。正直いって合格する自信はありませんでした。とりあえず1回受けてみようと思ったわけです。

結果はやはり不合格でした。

しかし、たしか80点合格で3科目あったと思うのですが、そのうちの1科目だけが5点足りず、惜しい不合格だったのです。

たった5点。

5点といえども不合格には変わりありませんが、しばらくしてハガキが届きました。そこには受験番号が記されていて、次の試験のための申請番号になっていました。惜しい点数であったために、いわば「次点」のような権利をもらったわけです。有効期限が長く、10年くらいはあったと思います。

高校を卒業してから再び税理士の資格にチャレンジすることはありませんでしたが、ハガキは大事にしまっておきました。

高校を卒業すると就職する道を選択、農家を継ぐのは嫌でしたので、親に内緒で就職試験を受けました。

ところが、合格したのはいいのですが、通知が畑に来てしまい、正直に説明する前に実父に知られてしまったのです。

幸いわたしは次男坊で兄がいたものですから、実父は、

「いつから行くんだ？」

と地元を離れて上京することを許してくれました。

農業という仕事はどんなにこちらが尽くしても、自然に左右されるものです。時代はまさに高度成長期。工業と違って計算が立たない農業は、若者にとってまったく将来性が感じられない職業で、その効率の悪さも継ぎたくない理由のひとつでした。

弘前から集団就職で上京し、神奈川県川崎市にある自動車部品メーカーに就職、工業簿記1級を活かせる原価管理課に配属されました。日立の関連会社だったこともあり、田舎では見たことのないようなコンピュータが活躍していて、ワクワクしました。

使っていたのはパンチカードでデータを処理する、むかしのオフィスコンピュータでしたが、それを見ていると、「そろばんの時代は終わりだなぁ」と感じました。簿記の資格を取ってそろばんで食べていこうと思っていましたが、

「もうこれからはコンピュータの時代がくる。やっぱり農業に未来はない」

という思いを深くしました。

そもそも土をいじるより、新しくて効率がいいものが好きでしたから、川崎での仕事は覚えることも大変でしたが、とても楽しくて充実した日々でした。

もうひとつ好きなものがありました。エンジンやモーターです。エンジンを研究して改造し、馬力を増やしたりするのが、いまも大好きなのです。

高校生のころ、実父に泣きついてオートバイを買ってもらったときは、学校から帰ってきてあるのを見て、飛び上がって喜びました。三沢の米軍基地にあったものを中古で買ってきてくれたのです。とくに裕福な家庭というわけではありませんでしたが、それくらいの余裕はあったようです。

その夜はバイクを停めてある小屋に布団を持っていって一緒に寝ました。ベンリーレーシングＣＲ93という、ホンダが世界グランプリで連戦連勝していたころに発売された市販のレーサーでした。

とても人気が高く、白バイにサイレンを鳴らされて停車すると、お巡りさんが、「ちょっと乗せてくれよ」といってわたしを降ろし、走り去ってしまったこともありました。わたしはお巡りさんが停めた白バイの横で置き去りです。通りすがりの人たちは、「捕まったんだなぁ」と笑っていたと思います。

残念ながら、ＣＲ93は川崎に持っていくことができず、実家に置いていくことにしました。

代わりに、川崎で勤めているあいだは社内にモトクロス部を作ってエンジンをいじっていました。

といっても使うのはスーパーカブです。初任給が1万数千円の時代に、スーパーカブは新車で3万円もしましたから、会社のすぐ横のスクラップ屋から調達しました。動かなくなったスーパーカブをタダ同然でもらい、修理して使うのです。スーパーカブは丈夫ですから、ちょっとエンジンを直すとすぐに動きます。それで十分に走りますし、たとえまた壊れても、タダみたいなものですから困りません。

会社の敷地内に建設予定地が余っていて、新たに建てはじめるまでのあいだ、モトクロス部の活動場所として開放してくれました。

部員はさまざまな課からベテラン社員も若手社員もずいぶん集まりました。一応わたしが部長です。新入社員だけれども部長というわけで、どこの課のどんな役職だかわからない人を、平社員のわたしが注意しにいくのです。みんな面白がっていました。マフラーをアップにしたりといろいろ改造しましたが、動かせないタンクの位置が問題で安定性が悪く、みんなよく転んでいました。

そんなふうにして1年半があっという間に過ぎたころ、実父から手紙が届きました。「長男が体調を崩して、いま外部の人を雇わなければいけないほど、とても忙しい」ということが綿々と書いてありました。「帰ってきて手伝え」と書いてはいませんでしたが、

「そろそろ帰ってきてもいいころじゃないか？」という実父からのメッセージだと受け取りました。

農業から遠く離れ、都会暮らしを謳歌しながらも、いつかはそんなときが来るのではないかという予感がずっとしていました。辛い選択でしたが、無視をするわけにもいかず、楽しかった会社を辞めて、弘前に帰ることにしました。

実家に帰ってみたらＣＲ93が消えていました。慌てて実母に尋ねると、

「あんたいないし、人にあげたよ」

大ショック。さらに台風の影響で水没しそうな田んぼから水をかき出す作業に追われ、帰ってきて早々惨憺《さんたん》たる気分になりました。

「これだから農業はイヤなんだ……」

家業を手伝いつつ、得意な計算が活かせる農協の金融業務の仕事も応援しました。

そんな暮らしに慣れてきたころ、見合い話がやってきました。

体調を崩していた長男が回復して、次男であるわたしがいつまでも家にいるのが微妙な状態になったころでした。近所の木村家から、「婿養子としてどうか」と話が来たのです。

相手は小・中学と同じ学校に通っていた人でしたが、ベビーブームで同級生が多い時代、彼女とはクラスも遠く、登下校のときに使っていた階段も違っていましたので（2カ所ありました）、記憶にありませんでした。見合いといわれても、いまひとつピンと来ません。

「先方のご両親や娘さんとお会いするのだから、きょうは酒を飲まずに早く帰ってこい」親からそういわれていた日、わたしはかねてから続けていた、バイクのエンジンを削ってパワーアップする作業が見事に完成をみましたので、嬉しくて飲みにいってしまいました。

木村家とはそんなすれ違いが3回ほどあったのですが、それでも「ぜひ」と喜んで迎えられたのは、年頃の男性がみんな都会に出ていって、婿不足だったこともあるでしょう。昭和47年、縁あって木村家に入ることになりました。お互いまだ22歳でした。

きっかけ

婿養子に入ってすぐの、23～24歳ころです。

実家から持たされた持参金で外国製の大きなトラクターを買い、さらに雑草が生い茂っていた土地を買いました。その土地で、新たにトウモロコシを作ることにしたのです。

わたしの憧れはテレビで見た広大なアメリカ農場でした。地平線まで続くような広々とした畑を作ってみたいと思ったのです。

そんな畑を作るには、ちょっとやそっとのトラクターでは面白くありません。アメリカからカタログを取り寄せて、１５０万円もする45馬力のトラクターを購入しました。半分趣味の世界ですが、さすがは大規模農地を耕せるトラクターです。みるみるうちに荒れた土地を立派な耕作地に変えていきました。

栽培を始めたのは農薬をバンバン散布していたころです。りんごも順調にとれていましたし、始めてすぐの年からトウモロコシも順調に育っていきました。

憧れていた見渡す限り一面の農作物、デキも良好で、すべてが順風満帆でした。

しかし、トウモロコシが収穫できるくらい大きく育つと、動物による被害が頻発するようになりました。なんの動物かはわかりませんが、きれいに実をつけたトウモロコシをどんどん食うやつが現れたのです。

これはたまりません。山にはクマやカモシカが出ることは聞いて知っていましたが、もしかしたら、近くで飼われている犬が散歩の途中で食べているのかもしれませんし、想像もつかないような動物が夜ごと畑に現れているのかもしれません。どんな動物の仕業かわからないことには手の打ちようがないと思いました。

「ヨッシャ、ちゃんと犯人を見つけよう」

もし本当にクマがかかったらどうしようかと思いましたが、とりあえずトラバサミを仕掛けて様子を見ることにしました。

翌日に畑に行くと、罠に動物が掛かっていました。予想していた種類ではなく、タヌキでした。よく見ると子供のタヌキ。

付近にタヌキが出るという話は聞いたことがなく、大変驚きました。想定外の結果でしたが、動かぬ証拠です。

捕まえてはみたものの、殺す気はありません。トラバサミにかかった子ダヌキを逃がしてやろうとしましたが、おびえているのか、罠を外すために近づくと歯を剥いて、「シャー！」と威嚇するのです。

小さなタヌキですが、このままではおちおち外すこともできません。可哀想でしたが、足で顔を踏んづけて、動かないようにして触ることにしました。

仕掛けが外れて自由になった瞬間、飛んで逃げるだろうと思われた子ダヌキでしたが、どういうわけか逃げないでそのまま留まっていました。すると、母ダヌキと思われる大きなタヌキが警戒しながら現れて、怪我をした子ダヌキの足を、その場で舐めはじめたのです。

しばらくのあいだ、親子は動こうとしませんでした。

タヌキからしたら、人間は憎き敵です。恐怖を感じる相手でもあるでしょう。わたしが怒って、母子もろとも叩いて懲らしめてやろうと思えば、余裕で届くような距離なのです。さっさと逃げるのが普通です。

しかし、母親はその様子を、見せつけるかのように続けました。

延々と子ダヌキの足を舐めている母ダヌキを見ながら、なにかすごく悪いことをしてしまったという、申し訳ない気持ちになっていました。

自然を利用している農家にとって、そこに生きる動物と雑草は、仲間でも同志でもなく敵です。自然を人為的に操ろうとしている人間にしてみれば邪魔者です。

そのことに疑問を持ったことはなく、深く考えたこともありませんでしたが、このとき初めて、人間側の一方的な論理であることに気がついたのです。

わたしがトウモロコシを栽培したのは、元々タヌキの住処《すみか》で、平和に暮らしていた場所だったかもしれません。そうだとすれば、タヌキのほうが被害者になります。「土地は買った人のものになる」ということなど、タヌキはまったく与り知らぬ《あずか》ことです。「畑にタヌキが入ってきて被害を受けた」というわたしのほうが間違っているではありませんか。

だからといって、荒らされつづけるのは困りますので、タヌキと共生する道を選ぶことにしました。

その日以降、粒が欠けて売り物にならないトウモロコシを畑の横に積み上げ、タヌキたちに提供しはじめました。

置いた次の日は、綺麗さっぱりなくなっていました。その場で食べてもよさそうなものですが、食べかすはまったく残っていませんでしたから、どこかに運んで食べたのでしょう。

これを収穫のたびに行ったのですが、結果は毎回同じで、結構な量の不良品トウモロコシを積み上げておいても、ごっそりなくなっていました。

「下手をすれば餌付けになってしまうなぁ」

タヌキが増えて被害が大きくなることを恐れましたが、逆に最初にトウモロコシを提供した日から、被害はまったくなくなったのです。提供されたものにだけ手をつけ、収穫前の瑞々しいトウモロコシには一切触れませんでした。もうトラバサミが仕掛けてあるわけでもないのにです。

気持ちが伝わっているとしか思えない出来事です。

トウモロコシを栽培していた3年間ずっと交流は続き、動物による被害は全然ありませんでした。

最初にトラバサミに子ダヌキがかかったとき、現場にいたのはわたしだけでしたが、1時間か2時間経ってから、洗濯を済ませた女房がやってきました。

「トラバサミに、なんかかかった?」

女房に訊かれましたが、こう答えました。

「いや、なんもかかってなかった」

女房はわたしの性格を知っていますから、薄々気づいていたようです。あとで顛末を知って、

「本当はお父さんが逃がしてやったんだろうって思ってた」

といっていました。

むかしから動物が好きでした。

小学校に入る前、実家にはニワトリやブタがいましたし、ウマはとくに重宝がられて大事にされていました。運搬車にもなりますし、荷車も引っ張ります。田んぼをおこす耕運機にもなる貴重な戦力なのです。

わたしと兄は、ウマに草をあげるのが仕事でした。兄弟で草を抱きかかえるようにして馬小屋まで持っていくのですが、あるとき、兄が草をあげている最中にウマが「ヒヒーン」と鳴いて兄の頭をガツっと噛んだのです。ものすごく痛かったようで、兄は大泣きしていました。

じゃれていて噛んだようですが、いまでも兄の頭には傷跡が残っています。

そんなことがあっても全然怖くありませんでしたし、噛まれることもありませんでした。

そんな実家でしたが、農家ですからネズミは大敵です。

米を荒らされたら困りますし、蔵に入れているものを食べられても困ります。病原菌を持っていますし、とにかく厄介者のなかの厄介者という感じでした。

どこの家でもネズミ捕りのカゴを仕掛け、掛かったら川に沈めて駆除していました。

うちの猫は役立たずでしたから、罠が大活躍していました。米蔵に仕掛けるとどんどん掛かり、それを実父や祖父から「川につけてくるように」と渡されましたが、沈めるのが可哀相で、川にたどり着く途中で放していました。どうしても忍びなかったのです。

「もう来るなよ」と放したネズミのなかには、「ありがとう」と思っているものもいたでしょう。

タヌキがどう思っていたのかはわかりませんが、「お前たちが住む場所を奪ってごめん。これをあげるから、もう荒らさないでくれよ」という気持ちでトウモロコシを積んでおいたら、被害がパッタリとやんだのは事実です。

この出来事は、ほかの農家と同じように農薬を使い、人間側の都合だけを全面に押し出して作物を栽培していたわたしに、大きな変化をもたらすきっかけになりました。

初めて見たＵＦＯ

タヌキに教えられた翌年だと思いますから、25歳前後でしょう。りんごの無農薬栽培を始める前で、近所での評判も悪くなかったころです。

夕方、何気なく玄関を出て敷地を下り、家の前の道路に出て空を見上げました。すると、目に不思議な光景が飛び込んできたのです。

「……あれ？　お月様が回ってるけど、あれはなんだ？」

100メートルくらい上空に丸いものがぽっかり浮かんで、ゆっくりと移動しているではないですか。キャバレーのネオンのようにクルクルと回りながら、美しいオレンジ色の光を放っていました。

「おい、ちょっとぉ！　表出てみろ！」

家のなかにいた女房と親父、お袋のほか、お隣さんにも声をかけました。

慌てた声に、みんな「いったいどうしたの？」とわらわらと集まってきました。

わたしは物体がいる方向を指差し、叫びました。

「あれ見てみろ！　あれ、ＵＦＯじゃないか！」

一斉に同じ方向を見上げました。だれの目にも不思議としかいえない光景に映ったのでしょう、

「うわ、あれはなんだ？」

「光ってるけどお月様じゃないし……ＵＦＯか？」

などといいながら、しばらく見つづけていました。

その場にはわたしを入れて9人いましたが、全員見ています。幽霊は見られる人と見られない人がいますが、ＵＦＯはそうではないようで、全員が全員、目撃しているのです。

ＵＦＯはゆっくりと、うちの屋根の上を横切るようにして通りすぎ、やがてどこともなくフッと消えてしまいました。消えたことによってＵＦＯだと判断せざるを得ない状況が

高まり、

「わ、消えたあ！　やっぱりＵＦＯだべ」

とさらに騒ぎが大きくなりました。

これを皮切りに、わたしたち家族は何度もＵＦＯを目撃することになりました。

毎回目撃場所は一緒です。うちはＵＦＯの航路上にあるようです。目撃が続く時期は「晴れた日の午後7時前後には必ず見る」というくらいでした。

始めは女房も未知なる存在への恐怖からか、しっかり目撃しながらも、

「いや、なんかわからないもんだけど、ＵＦＯであるわけないでしょ」

と信じなかったのですが、あまりに何回も見るうちに、

「もしかしたら、やっぱりあれはＵＦＯかもしれないね」

というようになっていきました。しばらく目撃しない日が続いたとき、女房が先に見つけて、

「お父さんお父さん、いるよ、来たよ来たよ」

と嬉々として呼びにきたので見てみると、いつもと同じ航路でうちの屋根の上を通過していき、消えたということもありました。

当時は「岩木山からＵＦＯらしき物体が飛んでいるのを見た」という目撃情報が相次ぎ、新聞にも載るほど話題になっていました。

わたしにとってUFOは、「信じるか、信じないか」という存在ではありません。「絶対にいる」としかいいようがないのです。それは女房もわかっています。

そもそも津軽は神秘的な土地柄で、日本最古の文字といわれる『津軽草文字＝つがるくさもじ』、幻の中世都市である『十三湊＝とさみなと』、奇書とされる『東日流外三郡誌＝つがるそとさんぐんし』など、興味の尽きない地域なのです。

第2章　泥沼にて

親父

よく婿養子は肩身が狭いといいますが、女房の親父もお袋も、大変よくしてくれました。

親父はまだリラックスしきれていないわたしに、何度も「自分のうちだと思っていればいいんだ」と声をかけてくれました。わたしも最初の１年だけは気を遣いましたが、２年目からはいらぬ気遣いはせず、のびのび過ごしていました。畑仕事も全開でした。

親父はもともと、とても穏やかで優しい人柄が評判の人物でしたが、自分が信じたことは貫き通すような強さも持っている人でした。

戦争から帰ってきたあと郵便局に勤め、公務員生活を長く送りました。

あるとき労働組合を作るか作らないかで職員同士が口論になり、親父は「お世話になった局長に赤旗を振るわけにはいかない」と自ら退職しました。いまでいう早期退職で、退職金を使って土地を買い、農業に専念したわけです。

そんな優しい親父の趣味は、うぐいすでした。

郵便局員時代からうぐいすを飼育できる鑑札を持っていて、界隈のうぐいす好きには、神様のような存在で通っていました。

津軽にはうぐいすを愛《め》でる文化があり、鳥篭に凝ってみたり、美しく鳴かせる技を競ってみたり、大人の道楽のひとつになっていました。

うぐいすの鳴き声は「ホーホケキョ」ばかりではなく、「ホウホウホウ」とか「ケキョケキョケキョ」とか、さまざまにあるのですが、親父は自由自在に鳴かせることができました。

なかでもすごいと思ったのは、鳴き方ひとつを聞いて、山のどちらの方角に巣があるのかとか、卵を産んでいるかどうか、雛がかえったかどうかなど、百発百中でわかったことです。

親父ではないとできない、まさに神業でした。

みんなで畑仕事をしているおり、ひょっこりいなくなっているときは、うぐいすのエサになる虫を集めに行っているか、季節によっては雛を探しに行っていました。バイクで1時間くらいかけて山のほうに走ったりと、とても熱心にやっていました。

たしかにうぐいすは可愛く、虫をあげると顔を傾けて「キュキュ」と鳴きながらパッと食べます。正直いって、親父はりんごを作るよりも遥かにうぐいすに興味があったようです。人間というのは、みんなそれぞれに得意分野があるものです。

親父のもとには、大勢の人たちが訪ねてきていました。そのなかに、わたしの実家の祖父も入っていました。女房と一緒になって婿養子に入る前から、親父に指導を受けていたようです。

祖父も非常にうぐいすに凝った人でした。鳥篭には金に糸目をつけず、当時のお金で5

万円、10万円も出して買い求めていたのを覚えています。

わたしが結婚したときはとても喜んでくれて、祝いに九官鳥をもらいました。農薬に弱かった女房は、1回農薬を撒く作業をすると寝込んでしまうことが多く、家にいる時間が長かったため、「寂しくないように」というわけです。

女房は農薬にとても過敏な体質でした。

そもそも過敏でなくても、硫酸銅と石灰石を混ぜた石灰ボルドー液やダイホルタンなどが、むき出しになっている顔や手にかかると、皮がベロンと剥げ、痕が真っ赤に腫れるほどなのです。女房は悲惨で、あちこちが漆にかぶれたように赤く腫れ上がり、ひどいときには1カ月も寝込むことがありました。

農家の人たちはそんな目に遭いながらも、「畑が真っ白になるまで農薬を撒くのが当たり前」「りんごは農薬で育てる」という教育のもと、命がけで生産していました。

農薬をなんとかしないといけない……。

無農薬栽培にこだわっていくきっかけには、女房の体質も大きく影響しました。

書店の奇跡

雨が降る日の本屋での、偶然の出会いでした。

エンジンの改造について詳しく書かれた専門書を探しに書店に入りました。その手の本はあまり需要がないのか、棚の一番上に1冊だけ差してありました。

ようやく見つけたお目当ての書籍ですが、手が届きません。店員さんも近くにおらず、脚立も置いてなかったので、その辺に立てかけてあった棒で突っついて落としてみようと思いました。

背表紙の下からツンツンとやっているうちに、内燃機関の専門書は計画通りに棚からズリズリと出てきて手元に落ちてきました。が、同時に隣の本がくっついて落ちてきたのです。

自分の本をキャッチすることに精一杯で、隣の本は落としてしまいました。

書店内の床は雨のせいでどろどろに汚れていました。そんなところに落ちたうえに、よく見ると衝撃で角が少し凹んでしまっています。仕方なしにそちらも購入することにしました。

家に帰って一応何ページかめくってみましたが、まったく興味が湧かず、箪笥《たんす》の上に置きっぱなしにしたまま存在を忘れていました。

1年以上経ったのち、ふと箪笥の上を見て発見し、1センチは積もっていた埃を払ってぱらぱらと見るうちに、すっかり夢中になりました。

福岡正信さんが書いた『自然農法』です。表紙には、「農薬も肥料もなにも使わない農業」という言葉が書いてありました。

「現代の農作物は自然の産物というより、ある意味では石油製品になってしまっている。それは有害なものにすらなる危険性がある」という考えをもとに、福岡さんが試行錯誤しながら、なにもしない農業を目指し、確立していくという内容でした。

福岡さんの本を読み、なにもしないという栽培法があることに強く感銘を受け、ほかにも自然農法について書かれている本を読み漁りました。りんごの無農薬栽培に成功している本はありませんでしたが、「もしりんごでそんな栽培が実現できたら、これはすごい」と思うようになっていったのです。

わたしは、親父たちの世代とは違う農業をやってみようと、試行錯誤を始めたころでした。

当たり前のように農薬や化学肥料を使う旧来型の農業ではなく、まずは有機肥料でやってみようと図書館に通って研究し、堆肥作りをしたりもしました。自分で作った堆肥で農薬の量を減らせたら……と思ったのです。

「まずはりんごの減農薬栽培をやってみて、やがては完全に無農薬・無堆肥栽培に乗り出そう」

と決めました。

ただし、わたしは婿養子です。当時はまだ家督制度が強く生きていた時代。親父がうんといわなければ、勝手に進めるわけにはいきません。

そう思って親父に相談すると、

「いいよ、やってみなさい」

とあっさり了承してくれたのです。

25歳になったわたしは、農薬の量を年間、いままでの半分の6回に減らして散布しました。りんごは特に問題なく実ってくれました。

次の年は3回に、最後は1回にしたのですが、多少の病害虫は出ても、大して問題なく収穫できました。

1回の農薬なら、女房も一工程休めばいいだけです。以前より一緒に畑に出る機会が増えて、おまけに農薬代も減らすことができ、収穫量は大して落ちず、「これは最高だ」と思いました。そして、

「まったく農薬を使わない栽培に挑戦してみよう」

と思いました。大きな決断です。

親父をどうやって説得しようかと問答を想定し、ああ聞かれればこう返そう、ここが問題になればこう解決法があることを示そうと、頭のなかを無農薬栽培に関することで完全武装して、ある晩、親父に切り出しました。

「実は、来年から完全に無農薬にしてみようと思うんだけど……」

さぁどこから攻めてこられるか……。親父の反発を予想していましたが、すんなり許可を出してくれました。

拍子抜けしましたが、親父は親父で考えがあるようでした。

親父の了解を得て、近所の畑の人たちが集まる飲み会で、

「うちは今年から無農薬でやってみます。なにか迷惑をかけたり不都合なことがあったら、いつでもいってきてください」

と発表しました。

このあとに続く、長い長い試練の始まりがこの日でした。

28歳になっていました。

儀式

意気揚々とりんごの無農薬栽培に乗り出しましたが、あっという間に迷宮地獄にはまっていきました。これまでは砂上の楼閣だったのです。

1年目は4つある畑のひとつだけを無農薬にしたのですが、早々に葉が落ちて、5月に一度咲いた花が、9月にも咲いてしまいました。翌年の春に咲くはずの花です。2年目に希望はありませんでした。

りんご畑の端には、自分たちで食べるためのナシやシュガープルーン、ネクタリンなどの木があり、無農薬でも毎年立派に取れていました。自家消費用ですから手入れはなにもせず、下草はボーボー。それなのに実っていました。なぜ一生懸命に下草を刈り、朝から晩まで害虫を取り除き、手間暇をかけているリンゴだけが収穫できないのか……ただ立ち尽くしていました。

わたしは最初の年から、市販されている農薬ではなく、人間が食べているもので病害虫が抑えられないかという実験をやっていました。

りんごの木がかかる病気の原因は基本的にはカビや細菌類ですから、殺菌性のあるものを探しました。

ニンニクやタマネギをおろし、絞った汁を散布したり、醤油や牛乳を撒いたこともあります。牛乳は高くつきすぎて採算が合いませんでした。

そのなかで、かろうじて使えそうに思えたのが土と酢でした。土は水に溶かしたあとに上澄みを掬い、ろ過して散布するのですが、それでも細かい粒子が機械に引っかかるようで、動力ポンプが何台も壊れてしまいました。

いいと聞けばなんでもやりました。卵の白身が効くと耳にしたら試して、思いつきで粉わさびや焼酎を水で薄めて散布したこともあります。

りんごにつく虫を朝から晩まで取って、考えられることはすべてやり尽くしました。それなのに害虫は増えていく一方……。りんごの木は花を咲かせるどころか、健康な状態に回復する兆しがひとつもないのです。

そんな農法に賛同してくれる人が、親父とお袋、女房のほかに、親戚にもひとりだけいました。わたしの実父の妹（＝叔母さん）の旦那さんです。

叔父さんは本家の次男坊でしたので、分家をしてもらって叔母さんと一緒になり、農業をやって暮らしていました。

叔父さんは、わたしが無農薬のりんご栽培を始めて世間から白い目で見られても、変わらず可愛がってくれました。「のり」と呼ばれていたのですが、

「のりがやっていることは、絶対に間違ってないからよ」

とたびたび励ましてくれたり、生活が大変なことも知っていましたから、「うちに来い」といつも気遣ってくれました。わたしを理解して、ずっと大っぴらに応援してくれた数少ない親戚でした。

女房とふたりで叔父さんのうちに遊びにいったとき、ある儀式をしてもらったことがあります。

もともと叔父さんのうちに伝わるものなのか、どこかで身につけたものなのかは、わかりませんが、ごくたまにやっているもののようでした。

ちょっとした占いですが、儀式を行う側の人、つまり叔父さんは3日間断食をしなけれ

ばいけないという決まりです。からだに入れていいのは水だけ。叔父さんはわたしたちのために、荒行のようなことをしてくれたのです。

青森には日本三大霊場のひとつである恐山があり、「口寄せ」をするイタコはよく知られています。ほかにもあちらこちらに、「あそこの神様は当たるんだ」という評判の神様がいます。目に見えない力を使って、物事を解決してくれる人たちのことです。そういうことが生活のなかに自然に溶け込んでいる土地かもしれません。

居間にわたしと女房が座っていると、白衣を着た叔父さんが登場して、儀式は始まりました。

初めに、天秤に塩を撒きます。そして、人のかたちに切った和紙を3枚出して、1体ずつふたつ折りにして呪文を唱えたあと、ロウソクで火をつけます。

なにがどうなればいい結果なのか、逆にどうなれば悪い結果なのかは、教えてくれませんでした。

なにやらただならぬ雰囲気に、わたしたちは固唾を飲んで人形を見ていました。

3体の紙人形は、わたしの願いを込めた分身でした。なにを願うか、3つだけ事前に決めておくようにいわれていたのです。

わたしの場合、ひとつは、自分の夢。希望が叶うか。

もうひとつは、自分のからだ。健康でいられるか。

最後のひとつは、自然栽培が世の中に通用するか。

女房はふたつのことを聞いていました。

ひとつは家族の健康について。親父やお袋、わたしたち夫婦が健康でいられるか。

もうひとつは子供について。心もからだも真っすぐに成長して、幸せに過ごせるか。

結果は……わたしの願いを背負った3つの人形は瞬時に燃え尽き、ひとかけらも残りませんでした。女房の人形も同様です。

叔父さんは嬉しそうにいいました。

「よかったなぁ。のりが願ったことは、すべてうまくいくよ」

あとで教わったところによると、紙なのに燃え広がらないこともあるそうで、願い事がうまくいかないか、やめたほうがいいということでした。

わたしの人形はきれいさっぱり燃え尽きました。原始的な占いですが、希望の光となりました。

ハガキ

この儀式と前後して、高校時代に得た税理士の「次点」のハガキも焼きました。

ひとり娘の女房と結婚して婿に入るには、必然的に農業を継がなくてはなりませんが、ハガキや勉強道具は捨てずに置いておいたのです。

いまさら本気で税理士を目指そうとは思っていませんでした。思ってはいないけれども、自然栽培でりんごを作る方向に動き出したときに、心のどこかに、「もしダメなら、こっちの道もある。ダメならこっちで飯を食おう」という気持ちがあったことはたしかです。逃げ道を作っていました。

そんな思いが自分のなかにある限り、成功はしないのではないか……。

無農薬・無肥料の栽培を始めて3年目のころです。

なにをやっても上手くいかないある日、急にそれが気になりはじめ、

「こんなものを持っているからダメなんだ！」

と経理の用具の一切合切を畑に持ち出し、どんどん焼いていきました。

日々蓄積されていくフラストレーションやストレスを発散させる行為に過ぎないかもしれませんが、焼却しないと気が治まりませんでした。

ハガキが出てきたとき、一緒に見ていた女房が、

「これだけは焼かないほうがいいんじゃないの？」

と躊躇しました。わたしは、

「いや、徹底しなきゃダメだ」

といって長い火バサミでハガキをつまみ、火にくべようとしました。

その瞬間、考えられない勢いでジュッと燃えて、一部がはらはらと崩れていったのです。

燃えたのはわたしを識別する数字のところでした。

女房とふたり、妙に納得をして、踏ん切りがつきました。

「絶対に成功できるし、間違っていない」

確信に似た強い感情が沸き上がってきました。

その次の年、4区画の畑を全部無農薬・無肥料にしました。

戻るに戻れない状況をあえて作っていきました。

自分を棘の道に追い込んでいったのです。

ラバウル

親父とはこのころ、毎日のように話していました。

親父は南方ラバウルから、いつ死んでもおかしくない激戦地くぐり抜けて帰ってきた人でもありました。

ある夜、酒を飲んでいた親父は戦時中を振り返り、語りはじめました。

＊　＊　＊

自分たちの149連隊は残すところ5人しかおらず、自分はその4人の戦友と一緒に逃げ回っていた。

隊の仲間というのは、全国から集められた者たちが上層部の意向で割り振られ連隊を組まされているだけだ。同じ連隊にいてもべつに友達同士ではないが、命を脅かされながら極限の状態で助け合い、一緒に過ごす時間を重ねるうちに、強い友情が生まれてくるものだ。自分は広島出身の若者ととくに仲良くなっていた。

彼は、逃げ回っているうちにマラリアにかかってしまった。

マラリアにかかった人は、自分の目に止まったハエが払い除けられなくなってくると、もうダメだ。

彼の病状はみるみるうちに悪化し、ついにハエにたかられたまま、まったく動かなくなってしまった。目のふちにたくさん蛆虫がわき、からだ全体にハエがたかった。もうなにをしても動かなかった。

自分は一番仲のいい戦友を置いていくのは忍びなかった。なんとかしてやりたいと、木で担架のようなものを作り、彼を乗せて紐でくくりつけ、背負っていけるところまで担いで歩くことに決めた。

そんな状態でジャングルのなかを歩いていたときのこと。運悪く敵方の戦闘機・グラマンに見つかってしまい、機関銃で狙われた。

自分たちはグラマンから逃れるために、大きな木の根元に隠れようとした。命の灯火が消えた戦友の肉体は、担架に乗せたまま後方にある茂みにハンモックのように引っかけて隠した。

グラマンからは身を潜める自分たちが見えていたのだろう、狙い撃ちしてきた。

戦闘機からピュッピュッピュッピュッとすごいスピードで連射されてくる弾丸は、まるで帯のように見えた。低く地面に伏せていたが、機関銃の帯が近づいてくるのを肌で感じ、ついに死を覚悟した。

からだ固くなった。

「ここで俺は……」

そう思ったとき、戦友の肉体が、担架ごとゴロンと背中に覆い被さってきた。

その瞬間、機関銃の弾がピュッピュッピュッと浴びせられるのを感じた。

そして、グラマンは去っていった。

しばらくして、戦友の下からゆっくりと起き上がった。

自分はどこも痛くない。機関銃から放たれた弾はすべて戦友が受け止めていた。

信じられない思いで、戦友のからだを眺めた。

担架を隠した場所は少し傾斜があり、自分が隠れた木の根元のほうが位置的には下だが、そんなに都合よく転がってくるとは思えない。

第一もう戦友は亡骸だった。たとえ生きていて最後の力を振り絞ったとしても、担架にくくりつけられているからだを起こし、自分に被さってくることなどできない。しかし、どう考えても、起き上がって歩いてきて、自分に覆いかぶさってきたとしか思えない。身代わりになるために……。

自分は戦友の爪を切り、涙をこらえてその場に埋葬した。

その爪と彼のポケットに入っていたものなどの遺品は、のちに広島にいる家族のもとに戻されたと聞いている。

＊　＊　＊

不思議な話ですが、生と死が隣り合わせの戦場では、こういうことがたくさん起こっていたのではないでしょうか。

りんご栽培で収益が得られなくなったころ、夜になっても飲みに行くお金がありませんでしたので、アルバイトがないときはうちで造ったどぶろく（密造酒）を酌み交わしながら親父とそんな話をしました。

戦友のおかげで命拾いした親父は、飢えを凌ぐためにガダルカナル、ソロモン諸島と逃げ回りながら、現地でサツマイモやナスの畑を作り、自給自足の生活をしたそうです。

もちろん農薬や肥料など手に入るわけがありませんから、「いつかできるだろう」といった気持ちで育てていたのですが、意外と立派に収穫できたといいます。

このときの経験が、わたしが提案した無農薬栽培に賛成してくれる、親父側の根拠にもなりました。

無農薬で立派な野菜を作った経験、そして農薬の被害に苦しむ娘……わたしが無農薬でやってみたいと申し出たことに、ただ優しいから賛成してくれたのではなく、本当は親父自身がやってみたいことだったのかもしれません。

親子2代の夢でした。

運転手

収入が激減し、生活に支障をきたすようになったため、副業として長距離トラックの運転手を始めました。

運送会社の事務職の応募に行ったつもりが、「じゃあ、きょうから乗って」といわれ、車のなかで4泊5日も当たり前のハードな日々が始まりました。

大型免許は持っていませんでした。会社は「持っているから来たんでしょ」という感じで、デスクワーク希望とは思ってくれず、当然のようにキーをよこし、わたしも受け取ってしまったのです。

慣れない長距離ドライブでの睡魔には本当に手を焼きました。

高速道路を走っていて眠気がピークに達すると、目は開いているのだけれども、からだは寝ているのです。アクセルとブレーキを同時に踏んでいたりします。なんとかサービスエリアにたどり着いても、入口で緊張が緩み、駐車場まで移動できません。1車線の導入路を塞いだまま眠ってしまったこともありました。

後続の車が大渋滞を起こし、交通機動隊がやってきます。

「起きろ、おい、起きろ！」

窓ガラスをコンコンたたき、呆れ顔のお巡りさんが速やかに移動するように指示します。わたしはちょっとだけウインドウを開け、「わかった、わかった」と返事をしますが、無免許ですからヒヤヒヤものです。それでも目がパチッと醒めることはなく、5〜6メートル動かすのが精一杯で、そのまま熟睡してしまいました。

実は、白ナンバーの無認可のトラックでもありました。そういう運送会社は請け負い代金が安いので、わかっていても使ってくれる荷主がいるのです。

「おい、運ちゃん、これ白じゃないのか？」

荷物の引き取り先でクレームが飛んできます。

「いや、青だよ」

反論するわたしに、お客さんは怪訝そうな顔です。

「おまえ、青ったって、どう見ても白ナンバーじゃないか」

「なに、青森ナンバーだべ！」

大笑いされて、荷物をもらえたこともありました。

積み荷は、橋の一部になる鉄骨や、タヌキの置物などさまざまでした。

1年4カ月ほどのアルバイト期間中、大きなトラブルが2度ありました。

ひとつは、組み立てる前の仏壇を、秋田県の能代から兵庫県の加古川まで届ける仕事の過程で起きました。

わたしが乗っていたのは10トンの大型トラックですから、道幅の狭い3桁の国道はなるべく通らないようにしていました。対向車が来たら直線でもよけなくてはいけませんし、急なカーブなどが曲がりにくいのです。

会社からも注意されていましたし、わたし自身も普通なら通らないのですが、その日に限って、急に近道がしたくなりました。

「魔が差す」とは、こういうことなのかもしれません。

いつも通る7号線から狭い3桁の国道に入り、山を越えようと思いつきました。

最初は頂上に向かって延々と上り道です。対向車も来ません。ほとんどブレーキを踏むことはなく、いい調子でスピードにのっていました。

当時流行っていた8トラのカラオケを積み、フンフンと長渕剛やら矢沢永吉やらを歌いながら、ご機嫌で運転していました。

ぐんぐん登り、あっという間に山の上まで到着しました。今度は下りです。

「こりゃあ、いつもより早く仕事が終わるかもしれないなぁ」

そう思ったとき、カラオケのメロディーに交じって「ブー！」とブザーが鳴り響きました。ハッと見るとブレーキの警告灯が赤く光っています。

「あれ？　どっかおかしくなったかなぁ……」

大型トラックはエアブレーキです。エアブレーキとは、圧縮空気を使用しているブレーキシステムで、よくバスやトラックが止まると「ブシュー」という音がしますが、あれです。

エアブレーキの替わりにサイドブレーキをちょっと引っ張ってみました。普通は警告灯は消えるはずですが、消えません。もしかしたら電気系統に変調があるのかもと思い、停車して調べてみようとブレーキを踏んだら、まったく効かないのです。

このときはじめて、ブレーキホースが飛んだことに気がつきました。一転、事態の深刻さに真っ青になりました。

主なブレーキであるエアブレーキが壊れても、エンジンブレーキやサイドブレーキがありますが、なにせ10トントラックに仏壇を目一杯積んでいるのです。異常に気づいてからはアクセルは踏んでいませんが、必死でサイドブレーキを引っ張りつづけても荷物に押されて加速していく勢いでした。

国道は狭いだけではなく、くねくねとしたカーブが多い道でした。カーブが来るたびに、「曲がり切れなかったらどうしよう、対向車が来たらどうしよう」と目をつむりたくなる恐怖に襲われました。

下り坂には、「ブレーキトラブルで減速できなくなった車はここに登りなさい」という避難所がところどころにありますが、そんなことをして停められるスピードでもありません。

サイドブレーキを引っ張って引っ張って引っ張って、酷使しているうちに、とうとう焼けて効かなくなってしまいました。

「ヤバイ、もうダメかもしれないな」

最悪の事態を想像しはじめたとき、岐阜・高山方面の道路標識が目に飛び込んできました。

「高山に行けば修理工場があるに違いない。なんとかそこまで持たせて、無事に停車しなくては……」

高山へ入る急カーブを必死で曲がり切りました。

高山の町までなんとか降りましたが、エアブレーキは相変わらず壊れたまま、サイドブレーキも焼きついてパンクしてしまっています。残るはエンジンブレーキしかありません。

しかし、下のギアに入れようにも、クラッチを踏むと加速するから踏めないのです。

むかしの大型トラックはフル・シンクロではなく、ギアをチェンジするのに面倒な手順がありました。ダブルクラッチといって、ギアを入れたままクラッチを踏んで、いったんニュートラルに戻してから、もう一度クラッチを踏んでギアに入れ直す段取りです。クラッチを踏むという行為は、スピードを乗せることにつながります。

すでに赤信号をいくつかぶっちぎっていました。止まりたいけれども、止まれないのです。

時刻は午前1時を過ぎていました。

「どこかで縁石にぶつけるか、歩道に乗り上げて止めるしかないな」

そう思った瞬間、指定修理工場のランプが点いているのを見つけました。

「よし、ここで無事に止まれたら、助かるかもしれない！」

ほとんど反射的に歩道に乗り上げ、ハンドルをできる限り逆に切りました。

車体はギュッとブレーキがかかったような状態になりました。どこにもぶつからず、怪我をせず、しっかりと停車することができたのです。

「助かったぁ」

全身の力が抜けていくのを感じました。ハンドルを強く握り締めていたために、指はしばらく固まったような状態で、腕はわずかに震えていました。

「早く修理してもらわないと……」

トラックをそのままにして、修理工場に駆け込みました。

工場の人たちはトランプをしている真っ最中でした。息せき切って入ってきた運ちゃんにみんな驚いた様子でしたが、心配そうに聞いてくれました。

「どうしたの？」

「ブレーキが壊れてしまってよ。直してもらいたいんだけど……」

聞くと、営業時間はとっくに終わっていたのですが、表の看板の電気を消し忘れたまま、トランプに興じていたそうです。

わたしがあのカーブの多い山の上からブレーキが壊れた状態でここまで来たこと、そこに車を乗り上げて止めたことを説明すると、みんなものすごく驚いた様子でした。

「運ちゃん、無事にたどり着いて本当によかったなぁ……。あそこの山はカーブが多くて魔の峠っていわれてるんだ」

ゾッとして腹の底が寒くなりました。

「トラック、どこに止めたの？」

「そこ、その目の前の歩道……」

何人かで見に行き、口々にいいました。

「よく綺麗に止まれたなぁ。よし！　すぐに修理してあげるよ」

移動させるのは危険なので、最初は半分歩道に乗り上げたままで修理することになりました。軽く応急処置をして、ブレーキがある程度効くようになってから修理工場に移し、本格的に直してくれるというわけです。

タイヤを外してパイプをつけて……。さすが指定修理工場だけあって手際がよく、見とれてしまいました。

すべてを終えるまでたった1時間。かかった費用は1万5000円。1万5000円で命と10トンの仏壇すべてが助かったと思うと、考えさせられるものがありました。

仏壇は翌朝の7時までに届ける約束でしたが、間に合いそうもありません。携帯電話は持っていませんし、公衆電話から連絡するにしても、真夜中にだれも出るわけがありません。困っていると修理工場の人が、

「うちから、届け先に遅れるってファックスしといてあげるから」

といってくれました。

なにからなにまで世話になり、修理工場の人が、大袈裟ではなく神様のように見えました。

ふと魔が差して近道の国道を通りたくなり、そんなときに限ってブレーキが壊れるという不運に見舞われましたが、魔の峠を無事にやり過ごし、1台の対向車にも遭わず、高山

の町に下りてからは赤信号を無視しても支障はなく、歩道に乗り上げただけで無事に10トン車を停止させ、おまけに営業時間の終わっていた修理工場で直してもらえたのです。

途中までは悪い方向にばかり進みましたが、以後はなにかに導かれるようにラッキーな方向へと引っ張られ、なんとか助かりました。

きっと人は、だれもがこういう幾重にも分かれた「もしも」という選択肢のなかで生きているのでしょう。

生きて弘前に帰り、りんご栽培を成功させなければならない使命と、それを無意識に手助けしてくれている人々の存在を感じました。

もうひとつのトラブルは、ちょっと不思議な出来事です。

大型トラックは真夜中にひとりで走ることが多いためか、運転手のあいだでは常識では考えられない話……たとえば幽霊を見たという類の話は日常茶飯事、当たり前のように話されていました。

霊感などないわたしですが、「いて当たり前」の世界に翻弄されたことがあります。

仙台から茨城まで、JR常磐線と併走するように走る、海岸沿いの国道6号線を運転していたときのことです。真夜中の真っ暗な道で、車もそう走っていません。

「なんか嫌だなぁ、早く目的地に着かないかなぁ……」

遠くのほうからまぶしい光が向かってきました。大型トラックか、と思った瞬間、パッパッパッとライトを光らせてパッシングしてくるではないですか。

「え？　なんだ？」

大型トラックはすぐに停車しました。わたしも急ブレーキをかけて停めましたが、パッシングされる理由は思い当たりません。なんだろうと運転手を見ると、ギョッとした顔をして、「こっちへ来い」と大きく手招きしています。

見ず知らずの他人に一方的に呼びつけられてノコノコ出ていく義理はありませんが、あまりに慌てている様子でしたので、仕方なく運ちゃんのところまで行きました。

「あの～、いったいなに？」

近くで見ると真っ青な顔をしていました。

「お前よ、助手席になに乗せてんだ？」

「……うん？　だれも乗せてねぇけど……」

「なんか悪いことしたんでないの？」

「なんのことだ」

「だったら、ほら、お前の車、ここから見てみろよ」

そういわれて自分の車を振り返って、思わず声が出ました。

「わッ……なんだ、あれ！」

助手席には、なにやら得体の知れない、青白い巨大な三角おにぎりのようなものが座っていました。見間違いかと思って何度か目をしばたかせて確認しましたが、三角おにぎりは消えることはありません。怖いというより、ワケがわからないという感じです。運ちゃんとて知るはずもありませんが、ふたりの目にヘンなものが映っていることは間違いないのです。

「なんにしてもよ、この先にドライブインがあるから、そこで降ろしたほうがいいよ」

「降ろすって、どう降ろすのよ」

「………ともかく、気をつけて頑張って！」

それだけいうと、ババッと走り去りました。

ひとり自分の車に帰る気持ちは、口ではいい表せません。

しかし、いざ運転席に戻ると、さっき見えていた青白い三角おにぎりはいなくなっていました。ホッとしたものの、助手席からなるべく離れ、運転席側のドアに寄り添うようにしてドライブインを目指しました。

1キロも走らないうちに、大型トラックがたくさん停まっているドライブインが見えてきました。

運ちゃんたちは休憩してビールを飲んでいました。みんな飲まないとやってられない事情があるのでしょう。

「いらっしゃいませ」

声をかけてきた店員さんに、

「あの……ヘンなお願いですみませんけれども、わたしのトラック、見てくれませんか?」

そう申し出て事情を説明しました。

店員さんは慣れているのか、意外にもあっさり、

「よし、わかった」

と表に出てチェックしてくれました。そして、ひと目見るなりいいました。

「あー、あらら……あんた、あれ、幽霊じゃないの!」

わたしには先ほど見た青白い三角おにぎり以外のものは見えませんでしたが、もしかしたら、最初に教えてくれた運転手さんも、ドライブインの店員さんも、それがちゃんとした幽霊のかたちに見えたようです。

「実はきょうの午後8時ごろ、この先のバスのUターン所で、バスガイドさんがひかれて亡くなる事故があったんだ。あんた、そこ通らなかった?」

たしかにその場所を通過していました。通過していたどころか、ずっと我慢していた尿意が限界に達し、おしっこをしていたのです。Uターン所は広く、街灯もなく、それこそ放尿にぴったりな真っ暗な場所でした。さっぱりしたあと、タイヤのホイールを確認して車に乗り込み、また走り出したというわけです。そんな事情を説明すると、

「やっぱり、そのガイドさんじゃないかな。運ちゃん、戻ったほうがいいんじゃない?」

幽霊を横に乗せて再び走り出すのは不本意でしたが、そのまま車を放置するわけにもいかず、とりあえず来た道を戻り、Uターン所まで行ってみることにしました。

車に乗ると、青白いものは見えません。車から降りると見えるのに、運転席から隣を見ても見えないのです。それでも、「たぶん、あの三角おにぎりのようなものは、ここにいるんだろう……」と思うとなんとも気味が悪く、カーステレオをガンガンかけて運転しました。

しばらく走ると、真っ暗なUターン所が見えてきました。闇に吸い込まれそうに感じて急に恐ろしくなり、車のライトであちこちを照らしてみました。

ある一角を照らした瞬間、たくさんの花束や缶ジュースが添えられた様子が浮かび上がってきました。ここに間違いありません。

「おしっこをしたのも、この辺なのだろうか」と車から降り立ってよく見ると、やはりそうでした。わからないままやってしまったおしっこが、花束の辺りから流れているのです。

「あちゃ……」

大変なことをしてしまったという気持ちでいっぱいになり、必死で謝りました。

「本当にすみませんでした。ライトを点けていれば、こんなことはしなかったんだけれども、悪いことをしました。本当にごめんなさい」

ドライブインで買ってきたジュースを添えて、手を合わせました。

それで幽霊が納得してくれるのかどうかはわかりませんでしたが、思いっ切り謝って再びドライブインを目指しました。先ほど確認してもらった店員さんに、もう一度チェックしてもらおうと思ったのです。

お店に入ると、みんながワッと振り向きました。

「おい、あの兄ちゃん戻ってきたぞ！」

どうやらわたしが訪れたあと、幽霊話で持ち切りになったようです。集まってきたみんなが口々に訊《たず》ねてきました。

「おい、どうだった？」

「幽霊まだいるの？」

「お前なにしたんだ？」

もう一度みんなに車の助手席を見てもらうことにしました。

「乗ってるか乗ってないか、確認してみてよ」

店員さんも、運ちゃんたちも、いろんな角度からひとしきり観察していましたが、だれも幽霊の姿が見えるとはいいません。

「うん、大丈夫だ」

その言葉を聞いて心底ホッとしました。

興味津々だったみんなは、しばらくのあいだ、幽霊が座っていた助手席のシートが濡れていないか、なにか痕跡がないかと熱心に調べていましたが、残念ながら……なのかはわかりませんが、なにも残っていませんでした。

言霊

缶ジュースを供えて謝罪した途端、幽霊が許してくれたように、言葉はだれにでも、たとえ相手が動物や植物でも、伝わるものだと思います。

これは絶対にそういい切れます。

無農薬・無肥料栽培を始めてから、畑の状態はどんどん悪くなっていました。いろいろ試してきた病害虫対策として散布する食品も尽き、失敗続きで34歳を迎えたわたしは万策尽き果て完全に行き詰まっていましたが、「言葉にはものすごい力がある」ということに気づきました。

それはりんごの木が教えてくれました。

りんごの木は長年花を咲かせず、ちょっと幹を押すとグラグラするところまで弱っていました。このままでは木が朽ちてしまう……そう思って祈るような気持ちで話しかけたのです。

「こんなにしてしまってごめんなさい」

「花を咲かせなくても、実をつけなくてもいいから、どうか枯れないで耐えてください」

木に優しく触れて、労《いた》わるように、温もりが伝わるようにしながら、「どうにか頑張ってくれ」という正直な気持ちが通じるように語りかけました。

肥料もやらないで農薬も撒かないで、人間にたとえるなら一切ゴハンを食べさせず、薬も飲ませず、「ちゃんと働け！」といっているようなものです。

そう思いながらやせ細った木を見ると、言葉が次から次に自然と出てきて、話しかける作業は日課になっていました。

うちには4つの畑に800本あまりのりんごの木があります。思いをすべての木に伝えたくて、時間をかけて一本一本に話しました。

声が大きくて、隣の畑にいる人たちに聞こえたようでした。

「あれ、だれかいるのか？」

「でも、いったいだれと話してるんだ？」

急にザワザワしはじめました。

恥ずかしくなって、とっさに身を隠しました。ただでさえわたしの行動はみんなからバカにされているのに、こんな姿を見られたら、「ついに木村は頭がおかしくなった」と噂されると恐れたのです。

捨てたはずの虚栄心が、どこかに残っていました。思えばりんごの木に話しかける作業は家族が畑から帰ってひとりきりになったあとに行っていました。そんな気持ちが、隣りの畑との境界線にあるりんごの木と、道路沿いにあるりんごの木たちに話しかけることをためらわせました。

これが大きな違いを生みました。

りんごたちはお願いしたとおり、ものすごく頑張ってくれて、グラグラしていた幹がしっかりと大地に根を張り、少しずつ元気になりました。一生懸命に伝えた思いに答えてくれたのです。

しかし、話しかけなかった、隣りとの境界線や道路沿いにある1列82本は、畑を縁取るようにことごとく枯れてしまったのです。

この現象は、別の畑でキュウリに触れているときも感じていたことです。

キュウリのヒゲは指を差し出すと、子供とか無垢な人には向こうから絡んできます。巻きついてこないときは、優しく撫でてあげると、しーっと絡んでくれることもあります。

わたしは絡んでもらえますが、だれでも知っている大きな宗教系の方々が試したときは、お弟子さんたちは全員絡んでもらえたのだけれども、一番偉いトップの方には絡んでもらえませんでした。

みなさんも実験されるときは、だれにも見られないようにひとりで試されたほうがいいかもしれません。

家族愛

りんご栽培の行く先がまったく見えなくても、親父とお袋は文句ひとついいませんでした。

最初は無農薬栽培に賛成しても、5年も6年も成果が上がらず、収入もほとんどない状態が続けば、「うちの婿はなにをしてるんだ、いい加減にしてくれ」と説教するのが普通だと思いますが、そういう類のことはひと言もいいませんでした。いわないどころか、逆に世間の嘲笑やまわりの視線に耐えられなくなったわたしを守る砦になってくれました。「あいつがああいった、こういった」という類の話は一切聞かせませんでした。

33～34歳ごろのわたしに対する周囲の評価は最低でした。

かつてはたくさんの友達がいました。近所の寄り合いにも積極的に参加させてもらっていましたが、このころはほとんどだれとも交流がなくなっていました。何年も結果を出せず、家族を貧乏させている姿を見て、

「あいつはバカだ」

「かまど消しだから相手にするな」

と蔑み、回覧板すら通り越して回っていました。ほとんど村八分のような状態だったのです。

自分のやっていることが間違っているとは思いませんでしたが、やはり自分の勝手で家族を貧乏にしているという後ろめたさはありました。

親戚やまわりの人からのイヤミや、迷惑者だという視線の束が毎日針のように突き刺さってきました。いや、わたしが感じた痛みは針ではなくて、釘のような太いものが容赦なく突き刺さってくる感覚でした。

実父は無農薬に反対していました。婿に出した先で息子がとんでもないことを始めてしまったという責任から、

「みんなに頭を下げてちゃんと謝れ！」

と怒って意見してきたこともありました。しかし、親父は、

「頭下げて謝る必要なんかない」

ときっぱりいってかばいつづけてくれました。最初から最後まで、「うちの婿はすごいことに挑戦しようとしているんだ、だからそれを応援してやろう」という姿勢を貫いてくれました。親父はもともと専業のりんご農家ではありませんでしたので、既成概念という枠がなかったことも幸いでした。

親父だけではなく、お袋の優しさにも恵まれました。

畑が惨憺たる状況になっても、「もうやめよう」といってきたことは一度もありませんでした。

何回も何回も失敗することを許してくれました。

うちの女房も同じです。

りんごの収穫がなくなって収入が途絶え、将来ではなく、きょう一日をどう生きるかが切実な日々が続きました。1円のありがたみを痛感するような生活を続けていたころ、女房や子供に申し訳なくて、ついこんなことをいってしまったことがあります。

「幸せになるには、わたしと別れたほうがいいかもれない。いつでも別れるからいってくれ」

もちろん、そんなことはしたくないのです。いまさらわたしと離婚したところで、畑が一気に回復するわけではありません。なんの足しにもならない、男の弱音に過ぎませんでした。

女房はそんな気持ちを知ってか知らずか、無言で聞き流してくれていました。

貧乏で苦労をかけていたのは娘たちも同じです。

冬のあいだ出稼ぎに行き、正月も帰れないことがほとんどでした。誕生日もクリスマスもなく、みじめな、ひもじい思いをして日々を送ったと思います。

それでもわたしが一度、「りんごの無農薬をやめよう」と弱音を吐いたとき、長女は烈火のごとく怒りました。自分たちはなんのために貧乏に耐えて頑張ってきたのか、と。

彼女たちは犠牲になっていました。

それなのに、そういう気持ちを持ってくれている……。わたしは新たに誓いました。

「この娘たちのために、娘たちに一番喜んでもらうために、絶対にやり遂げるんだ！」

出会い

その時期のわたしは、家族が畑から帰ったあともひとり残り、日が落ちて辺りがすっかり暗闇に包まれてから帰宅するのが習慣になっていました。

近所の人たちと顔を合わせるのが苦痛だったからです。

35歳になろうかというわたしを、世間は「まともな人間」として認めてくれなくなっていました。

それまでは当たり前に、「おはようございます」「いい天気ですね」と挨拶していたのに、道ですれ違って「こんにちは」と声をかけても、プイと横を向かれるようになっていました。

我が家は人口1万8０００人の町で「岩木一貧乏な家」といわれていました。自分の夢を実現させるために何年も収入を途絶えさせて、家族を悲惨な目に合わせている男でした。

自分のうちに迷惑をかけるだけならまだしも、無農薬のわたしの畑は病害虫の巣窟で、隣近所の畑に莫大な被害を及ぼす可能性があるのです。

冷たい仕打ちは、りんご農家の人たちとしては当たり前のことだったと思います。

地域社会の枠組みから逃れたくなり、いつしかみんなが農作業を終えて家に帰る時間を避けて行動するようになりました。だれとも顔を合わさなければ、厳しい世間の目に晒される痛みは減ります。ひとりでいる孤独のほうが、みんなのなかにいて感じる孤独より楽でした。

その日も、辺りに人がいなくなり、夜の帳が下りて夕食時を過ぎるころに、バイクに乗って帰る準備をしていました。

突然、どこからともなく、畑のなかをものすごいスピードで走り回るふたつの物体が現れました。

月明かりしかなくてよく見えませんが、縦に長細いかたちをしていました。りんごの木よりは低く150センチに満たない身長でした。クロームメッキのような色をして光を放っています。

「……一体なんだ?」

ビュンビュン走り回る様子を呆然と見ていました。

りんごの木は等間隔に植えられ、横にたくさん枝が伸びています。直立した姿勢で走ろうとすると、頭を枝にぶつけてしまいますから、屈まなければいけません。人間ならどんなに急いで走っても50メートルを10秒程度でしょう。

ところが、小学生ぐらいの背丈のふたつの物体は、どこにもぶつからずにあっちに行ったりこっちに行ったり、すごいスピードでヒュンヒュン移動しているのです。見るには首を急いで左右に動かさなければいけません。

そして、突然消えてしまいました。

直感的に「あぁ、これは地球の者ではないな」と感じました。

「たぶん、宇宙人ではないかな」

ただ、あらゆることに疲れていたため、そのままなんの行動もとらずに帰り、だれにいうでもなく過ごしていました。

何日かあとのことです。バイクに乗って帰ろうとしていると、今度はナゾのふたり組が目の前に現れたのです。

暗く狭い農道をふさぐように立っていました。一瞬、小学生くらいの人間が黒い全身タイツを履いてふざけているのかと思いましたが、よく見ると人間ではありませんでした。

黒いなかに、目だけが大きくふたつ光っています。鼻と口はなく、耳や髪の毛もありません。とにかく真っ黒いなかに「目だけしかない」という印象です。

大きさからして数日前に畑を走り回っていたナゾの物体の正体に違いありませんが、それ以上は暗くてよく見えないのです。

バイクはヤマハ・メイトで、照明は、エンジンの回転数を上げるとライトも明るくなる仕組みでした。アイドリングの状態では暗いままです。かといってエンジンを吹かしてライトを明るくすると、同時にバイクは下り坂になっている農道を勢いよく走りはじめ、通せんぼしているふたりに突っ込んでしまいます。弱々しいライトと月明かりしかない状態で、彼らの大きい4つの目と対峙するよりほか選択肢はありませんでした。

辺りにはだれもいません。シーンと静まりかえっています。バイクだけがパンパンパンパンという音をたてて響いていました。

畑のなかを尋常ではない速さで走り回る謎の存在を目撃するのと、目の前で対面するのとでは、まったく意味が違います。非常に恐ろしくなり逃げ出したいのですが、バックしても山に入っていくだけです。

一体どうすればいいのか……。

そんなことを考えていると、ふたりはスーッと近づいてきました。足音もなくスーッとです。足は地面についていませんでした。念力で動いているのかなんなのか、どういう構造でそうなっているのかはわかりませんが、足を動かすことなくスーッと近寄ってくるのです。

シンシンシンシンという音が聞こえてきました。ものすごく静かなときに耳の奥で聞こえる、あの音ともいえない音です。シンシンシンシンのあとに、ふたりの意思が伝わってきたのです。

「わたしたちはあなたに対して、害を加えるようなことはしません」

言葉そのままではありませんが、そのような意味です。それが耳ではなくて、直接頭のなかに入ってきました。

ふたり組には口がありません。パクパクと口を開いてしゃべることはできませんから、意味だけを脳に直接投げかけてきたのでしょう。甲高い声でもなく、かといって重厚でドスの効いた声でもありませんでした。

ふたりを目の前にして、ただただ固まっていました。ものすごく怖くて、ひと言もいえません。いっそのこと強行突破しようか……と思った瞬間、消えてしまいました。

一目散に家に帰りました。女房はただごとではない気配を察知し、

「お父さん、どうしたの？　そんな顔して。だれかに脅されたの」

と心配そうな顔で聞いてきました。

「いま畑の桜の木の前によ、全身タイツみたいな宇宙人がふたり立ってたのよ！」

ほかにも、先日畑でヒュンヒュン走り回るふたり組を見たこと、どう考えても地球上のものとは思えないことなどを、興奮して一気にまくし立てたのですが、

「そんなバカなことって……」

女房は小さな声でいいました。

しばらくあとで、わたしは幻想を見ました。

ギリシア神話に出てきそうな姿をした人が、丸い石でできた椅子に座っていました。か

らだに白い布を巻きつけ、長いあごひげをたくわえて、まるで哲学者のソクラテスのように見えました。そこになぜかわたしもいるのです。

室内のようでした。1本の鉄パイプのような棒が頭上に通っていて、穴の開いた板が何枚も渡されてありました。

「待っていたよ。君に手伝ってもらいたいことがある」

ソクラテスのような人がいいます。

「そっちにある板をこっちに移してください」

わたしは素直に、「わかりました」と一生懸命に板を動かしました。

畳み1畳分ぐらいの大きさの板を滑らすようにして手前から奥へ運ぶのですが、重くてなかなか動きません。「あなたは手伝わないんですか?」と訊けばよかったのですが、馬鹿正直に頑張って、なんとか全部の板を運び終わりました。

「全部終わりました」

報告すると、「ご苦労さん」というようなねぎらいの言葉がありました。

わたしはソクラテスのようなおじいさんに質問しました。

「これはなんですか?」

「カレンダーです」

「カレンダー?　一体なんのカレンダーですか?」

「地球のカレンダーですよ。この1枚が1年分」

驚いて尋ねました。

「これで全部終わりですが、あとはないんですか？」

ソクラテス似の人は、「当たり前だ」というようにいいました。

「ありません！」

「……ないってことは、地球がないんですか？」

慌てて質問したところでハッと目が覚めました。

ほかの夢はほとんど覚えていないのですが、このときの光景はカレンダーが何枚あったかまで鮮明に記憶しています。

マヤ暦が２０１２年で終わっているのをテレビで観て知りました。ソクラテスが教えてくれた年号は、それよりは長かったものの、永遠に地球が続くと思っていたわたしにとり、「意外に早く終末を迎えるんだなぁ」と驚かざるを得ない数字でした。

それも含めて大事なことは、ソクラテスから「口外してはいけない」と、龍と同じように堅く口止めされました。いまだに女房にもいっていません。もし命が脅かされる事態に陥ろうとも、口は割らないと思います。

重要なことは、なにより「時間がない」という事実です。

父親参観

28歳で無農薬・無肥料栽培を始めて7年。1個のりんごを収穫するどころか、花さえ咲かない畑のなかで、毎日もがいていました。りんご畑を放ってほかに働きに出ようにも、県の条例で『放置園』にすることは禁じられています。まったく収入がないわたしは、アルバイトと冬の出稼ぎで家族を食べさせるよりほかなく、それでも一家7人を養えるだけのお金は得られません。我が家の経済状況は非常に逼迫していました。

税金が払えず、畑が差し押さえられ、りんごの木に「移動禁止」と赤紙を張られました。家族が食べるお米を作っていた、2反あった田んぼも手放してしまい、きょう食べるものにも事欠くようになりました。

35歳の5月。

小学校6年生の長女の授業参観に赴きました。

学校に着いて教室の後ろのドアから入ったわたしをひと目見て、先に来ていた保護者のみなさんがさーっと引きました。汚いものから逃げるように離れていき、奥のほうでひとかたまりになり、視線さえ投げかけてきませんでした。

長女の同級生たちはほとんどが農家の子です。その親御さんたちですから、独りよがりといわれても仕方のないわたしの栽培を快く思っていない人、子供の給食費さえ滞納する姿勢に批判的な人が多いのは仕方のないことです。言い訳さえできないまま、教室の後ろにひとり佇みました。ひとりだけ端っこにいて、長女の後ろ姿を見つめていました。

保護者たちの空気、父親が味わわされている仕打ちを小さな背中で感じ、娘の心境はいかばかりだったでしょう。針の筵《むしろ》に座っていたのはひとり、わたしではなく娘でした。

授業参観が終わると、担任の先生が呼びました。ほかの保護者がいなくなるのを待って、教師は娘の書いた作文を持ってきて声に出して読みはじめました。

作文には『お父さんの仕事』という題がついていました。父親参観用にみんな同じ題で書いたものでした。そこにはこうありました。

「わたしのお父さんの仕事はりんご作りです。しかし、わたしはまだ一度もそのりんごを食べたことがありません」

作文を読み終えると、先生はいいました。

「木村さん、もうそろそろいいんじゃないですか。お子さんのことを考えてあげても」

わたしはフラフラと教室を出て、自宅に向けて歩きました。来るときは15分か20分だった道のりが、歩みがまったく進まず、どこをどう歩いたのか、1時間以上かけてようやく着きました。

その日から無口になりました。女房とは話せず、子供たちとは目を合わすことさえ辛くなりました。

家に帰ると無言で飯を食べ、みんなが寝静まったあと、ひとり家の前の小屋のなかで過ごすようになりました。

なにをするでもないのです。電気も点けないで、ただ小屋のなかのコンクリートの上に胡座をかいて座っていました。

これからどうすればいいんだろう。どう頑張っても不可能ではないか。無農薬でりんごを作るのは、家族を引きずり込んで迷惑をかけていいのか。これ以上、自分の夢に答えを求め、自ら問いかけていました。

考えてもたどり着くことのない答えを求め、自ら問いかけていました。何時間そうやってボーっとしていたでしょうか。気がつけば、まわりの景色がガラッと変わっていました。

大きな岩の裂け目の、断崖絶壁の上にいました。そして、広い裂け目の底に向かい、もう先がないほどに深くまで、胡座をかいたままゆっくりゆっくりと下りていくのです。

真っ暗ななかで何時間も思いを巡らせているうちに、瞑想状態になったのでしょうか。しかし、わたしの目には現実にそこにいるように、すべての光景がくっきりと見えるのです。

女房が探しに小屋に入ってきました。女房が見たわたしの姿はあまりにも異様だったようです。怖くて声がかけられないといった風で、そのまま戻っていきました。

その後も女房の心配をよそに毎日真っ暗な小屋のなかで、成す術もなく数時間を過ごしていました。

ついに心の限界が来たようです。

第3章　許された日々

35歳の夜

7月31日、弘前ねぷたまつりの前夜、わたしはいつものように畑にいました。

遠くから流れてくる楽しげなお囃子《はやし》を聞いていると、かつて女房に連れられてねぷた祭りにいった娘たちが、帰ってきたときに見せてくれたとびっきりの笑顔や、わたしがむかし祖父に連れていってもらった弘前桜まつりの思い出など、楽しかったころの記憶が一気に蘇ってきました。

一緒に畑にきていた女房に、

「きょうはねぷたの前夜祭だから、早めに帰って、子供たちを連れていってやれ」

と提案して、いつもより早く畑から返しました。

ひとりになるための口実でした。

わたしは前夜、古いロープを小屋から引っ張り出し、強く二重に編み、首にうまく当たるように何度も調節し、きょうの夜に備えていました。

それで死ぬつもりだったのです。

夕闇が辺りを支配し、だれからも見られなくなるのを待ち、編んだロープを手に岩木山の奥へと歩いていきました。

月の明るい夜でした。眼下に見える弘前は街灯りがきらきらと煌めき、ねぷたの囃子が風にのって微かに聞こえてきました。煌びやかな別世界でした。

もうずいぶん前から、もうひとつの世界に住んでいるような気がしました。どんなに手を尽くしても正解が出ない無間《むげん》地獄。

弘前の街に背を向け、月明かりだけを頼りに夜の山道を歩きました。

粗い岩が行く手を阻みました。

流れの速い渓流に足を取られました。

溺れそうになり、必死にもがきましたが、立ってみると水位は膝のあたりまでしかありません。

「これから死のうと思っているのにな……」

自分に失笑しました。

山に入って2時間が過ぎ、「もうそろそろ決着をつけよう」と辺りを見渡すと、いい枝振りの木が見つかりました。

持ってきた3メートルのロープを枝に引っ掛けようと放り投げましたが、あらぬ方向に飛んでいってしまいました。

「あらら……」

いつもビリだった記録会を思い出し、運動神経のなさを嘆きながら斜面を降りて拾いにいきました。

ロープは7年前まで何箱も収穫できたりんごをトラックに乗せて運ぶ際にくくっていたものでした。

「りんごじゃなくてごめんね。わたしの首なんか、くくりたくないんだなぁ」

申し訳なく思いながら、ちょっと開けた場所まで飛んでいったロープを拾い上げたわたしの目に、信じられない光景が飛び込んできました。

野生のりんごの木が3本立っていたのです。

「なんでこんな山のなかで、だれも手入れしてないはずなのに……」

呆気《あっけ》に取られて見つづけました。

山の木々はだれからも肥料を与えられず農薬も散布されていないのに、害虫に負けることなく、実に堂々とした佇まいで生きています。

吸い寄せられるように近づくと、根元の土がふかふかであることに気がつきました。辺りにはほのかに土のいい香りが漂っていました。わたしの畑の土は固く、そんないい匂いはしません。

答えに確実に近づいている興奮が、からだの底から湧き上がってきました。

「うちの畑もこの自然の山のような状態を作ればいいのではないか……そうだ！　この土を作ればいいんだ！」

わたしは跪《ひざまず》きました。

「りんごさんよぉ。なんでここまで教えてくれなかったのよ。なんで死んでお詫びをしなきゃいけないところまで黙っていたのよ――」

自然の楽園

岩木山のりんごから得た答えは、実はいつも目の前にありました。りんご畑の隅っこに植えた自家消費用の果物たちは、なにも手入れせず、下草がボーボーでもいつも実をつけていました。

最高の答えは、すでに自分の畑のなかに存在していたのです。

根本的な間違いを犯していました。

農薬や化学肥料は使いたくないけれども、農薬や肥料に代わるものを探して、なんとかりんごの実を「ならせよう」としていたのです。ニンニクや牛乳は、第二の安全な農薬を探していたに過ぎなかったわけです。

下草もせっせと刈っていました。虫取りも熱心にしていました。目に見える表面上のことだけを、一生懸命に行ってきたのです。

土がなければ木は育たない。

元をただせば全部土に返ってくるのは自明の理なのに、目に見えない土のなかには気を配らず、そこは単なる木の置き場所みたいな感覚でしかなかったのです。

ただただ視野が狭くなっていました。

答えを見つけてからのわたしは、畑の土を自然な状態にするべく、これまで以上に奮闘しました。

もう一度山に行って、りんごの木の状態をじっくりと観察しました（それはどんぐりの木の見間違いであることがわかりましたが、それはどうでもいいことです）。

わたしの畑では重さで枝がしなるほど害虫が発生していましたが、岩木山の木に害虫の姿はなく、まわりにはチョウやバッタ、コガネムシなど昆虫たちがいて、辺りは雑草が生い茂っていました。無駄なものはなにひとつない、生命が循環している姿がありました。

それを見て、まず下草を刈るのをやめると、畑は多種多様な雑草が生えてジャングルのようになりました。

野ウサギが走り回るようになり、野ネズミが出て、それを追ってテンやイタチも駆け回っていました。りんごの害虫となる蛾を食べるカエルが大発生しました。まるで小さな野生の王国。食物連鎖が行われていました。

やがて巨大なミミズが出没するようになりました。ミミズのふんには土をよくする微生物や菌類が大量に含まれています。畑の状態がどんどん良くなっていくのは、土の柔らかさが証明してくれていました。

3年目には一本の木が7個の花を咲かせました。

毎年毎年、一歩ずつ、畑は山の土に近くふかふかになっていきました。かつてはカサカサと落ちつづけ、「セメダインでくっつけたい」と思った葉が幾分か残るようになり、ちょっと押せばあっさり倒れてしまいそうだった幹も、しっかりと根を張りました。

4年目の春、りんごの花が、すべての畑で満開になりました。

その光景をちょっと離れたところから見た瞬間、一刻も早くお礼がいいたくて、女房と一緒に他人の畑を恐る恐る横切って、りんごの木に一直線に会いにいきました。

「きれいな花咲かせたねぇ、ありがとうな」

家に帰って酒を持ってきて、根元に少しずつ撒き、喜びを分かち合いました。一番飲んだのはわたしです。

38歳の5月、無農薬栽培を開始してから11年が過ぎていました。

微生物

土のなかにはバクテリア（真正細菌および細菌）の世界があります。

そこでは人間の目には見えないけれども、たくさんの生物たちがひしめき合って生きています。

「今年こそは……」と期待をかけつづけたりんごの開花。毎年花の咲く時期になると、また1年辛抱しなければならないのが怖くて、戦々恐々とした気分で過ごしていました。あるとき、隣の畑の人が、「おい、花が咲いているぞ。早く行ってみろ!」と教えに来てくれました。それを聞いたとたん震えが止まらなくなりました。急いで女房と一緒に見に行ったのですが、なぜか近づくことができず、手前の畑にある小屋の下から自分の畑を垣間見ました。りんごの花は白く可愛くて、わたしは桜よりも好きなくらいです

土に化学肥料を入れるとバクテリアは死んでしまい、作物の成長が悪くなるため、さらに肥料を入れないといけません。そして、土はどんどんバランスをおかしくしていきます。

わたしの畑の土には、バクテリアたちが仲よく……かどうかは知りませんが、多種多様なバクテリアが住んでいます。

弘前大学の杉山修一教授が調査したところ、わたしの畑の土やりんごの葉の表面には、ほかの畑の何倍ものバクテリアや微生物がいることがわかりました。世界文化遺産となっている白神山地の原生林と共通点がたくさんあるそうです。

こんな試験をしてみました。

苗床の土をサンプルとして取り、それをこれから定埴《ていしょく》（作物を植えること）する先の田んぼの土とポットのなかで混ぜ、1週間置きました。もうひとつのサンプルはなにもしないまま、同じく1週間置いておきました。その後、それぞれを田んぼに戻して定埴したのですが、苗の成長が著しく違ったのです。

田んぼの土を混ぜておいたほうの苗はどんどん成長していきました。

しかし、なにもしなかったほうの苗は、1週間か10日くらい成長が遅れてしまったのです。

それを見て、土も人間と同じだなぁと思いました。

人も引っ越しをしてすぐは、環境に馴染めないことがあります。新しい土地に移り住ん

バクテリアは、べつのところから来るのではなく、土そのものに存在しています。この土壌菌はわからないことだらけです

だとき、家族や親戚がいるなら生活もしやすいでしょうが、縁もゆかりもない土地の場合は、伸び伸び生活していくのに時間がかかります。

同じことが、土のなかの世界でも起こったのではないでしょうか。

定埴先の田んぼの土を混ぜたサンプルには、これから引っ越す先にいるバクテリアたちが入っています。もともと苗床の土にいたバクテリアにとっては、彼らとの1週間の融合期間があるわけです。そこに定埴された苗ですから、なにもしていない土に植えられた苗と成長が違ったのです。

数え切れないほどの種類のバクテリアがいるわたしの畑は、いわば多民族国家のようなもので、いろんな種類の人がいるから、どんなタイプの人にとっても、すぐに慣れて暮らしやすいのです。国家としての懐が深く、まさに受け入れる土壌があるというわけです。

農薬や肥料を使うと、そのバクテリアの種類が少なくなるようです。土壌菌を撒いて菌を増やしたところで、大した種類にはならないと思います。

自然界の山のなかには、人間には特定できないくらいの数のバクテリアが生きています。苗にストレスをかけないですくすく育ってもらうためには、たくさんのバクテリアがいる豊かな土を育むことが大事です。

人が嫌なことは土もバクテリアも嫌がっている。もし自分が土だったらバクテリアだったら……そう置き換えて考えると、見えないはずの土のなかがよく見えてきて、作物にも

麦は土のなかの残留農薬や余剰肥料など、悪いものを吸い上げる働きがあります。畑に麦を植えて不必要なものを抜いてもらうのと同時に、それだけでは土が痩せてしまうので、大豆を蒔いて土壌を改良していきます

落花生の根。丸いのは大気中の窒素を固定する根粒菌。作物と共生して窒素を与える働きをします。豆類の根につくため、畑に大豆を蒔いて、窒素豊富な土壌に変えます

好影響を与えるのです。

活かして生きる

地球環境のなかで、あるいは神様や仏様のもとで、人々はよく「生かされている」という考え方をします。

奢《おご》る気持ちがない謙虚な捉え方で美徳ではありますが、自然に対面したとき、「生かされている」という受身だけでは、人は本当は生きていけないことを知らなければなりません。

たとえば、わたしはりんごの自然栽培に成功したあと、りんごの下草を刈って、りんごの木に秋を教えるようにしました。

なぜ秋を教える必要があるかというと、草ボーボーのままですと土の温度は一定です。だいたい24度から28度のあいだを保っています。太陽が照りつける酷暑日でも、雑草が日陰を作って土の温度が上がらないようにしてくれます。外気が30度でも土の温度は24〜28度を保持しているのです。

しかし、そのままにしておくと、秋になって外気の温度が下がっているのに、逆に今度は雑草がある程度の時期まで保温効果を発揮して、りんごの木は秋が来たことを知らない

下草を刈っていない春の畑。花が咲く前

ままになります。

わたしはりんごの木に温度差を感じてもらうために草を刈りました。外気が直接当たって土の温度が下がるため、根っこのセンサーが働き、「秋が来たんだなあ」とわかると思ったのです。

実際色づきの悪かったりんごが、赤く色づくようになりました。朝晩と日中の気温の差が大きい津軽の秋を味わい、「赤くならなきゃ」という意思が働いたわけです。

自然は、手を加えないで放っておくのが一番ではありません。

『自然農法』というと、ドイツのデメター協会のバイオダイナミック農法のように、「宇宙のリズムに合わせ、天体の運行に即して種を蒔く時期や収穫時期を決める」というものや、人工的なものは一切加えず、荒れ放題にしておけばよいという精神論的なものが知られています。

わたしが影響を受けた福岡さんの自然農法も、なにもせずに放っておく方法でしたが、わたしはそれとは違うやり方を自分の経験からつかんでいきました。

気づいたのは、自然とともに生きるということは、ただギャートルズのように自然と同化して走り回ることではなく、「自然を活かして生きる」という考え方がとても重要だということでした。

自然は、人の力でコントロールできるような相手ではありません。

岩木山の姿そのままを再現した畑で、りんごはたしかに実りましたが、雪が降るころになっても熟しませんでした。その次の年の9月、畑の半分で草刈りをしたところ、刈ったところのりんごは色づいて甘くなりました。自然をそのまま利用するだけはないのです

自然のバランスや営みを知ったうえで、その仕組みに逆らうことなく、自分たちがうまく生きていけるように活かしていくわけです。宇宙のエネルギーを集めるのではなく、すでに土のなかに存在しているエネルギー、土が持つパワーをいかに活かすか、人にはそれが許されているだけです。土に働いてもらうのです。

人間は良くも悪くも地球上のほかの生き物より知恵があり、『万物の長』といえる存在ではあります。

しかし、自然をうまく利用しているように見えて、実は自然を破壊する行為ばかりしています。わたしもむかしは、「自分が、畑や自然を、この手で支配してるんだ」という感覚がありました。効率化を図るために、自然を傷つけるような栽培をしていました。

いまは違います。

「人間も植物も、地球上の生き物のひとつに過ぎないんだ」と思っています。そして、万物の長として「活かして生きる」という考えを持つことが、とても大事だと感じているのです。

木に話す

いまでも畑に行くと必ず木に一本一本話しかけます。

フジの葉。病気にかかった部分を自ら枯れて落としました。その面積だけ、新しい葉を誕生させます

「元気にしてたか？」

「よく頑張ってるなぁ、ありがとう」

「ちょっと病気してますね。いまから外科手術をしてあげますから」

自宅からいちばん遠い畑は車で40分のところにあり、近いところは15分くらい、あとのふたつは20分くらいのところにあります。作業によってはひとつの畑にかかりっきりになることもあります。そういうときは残りの畑へ行き、

「いまこういう作業をしているから、ちょっとしかいられないけど、頑張ってちょうだいよ」

と挨拶だけして、また作業している畑に戻ります。

講演や農業指導で長い出張が入り、数日間どうしても畑に行けないときは出かける前に事情を説明して、

「しばらく来れないけど、頑張ってね」

と伝えます。

出張先から女房に電話をして、木の様子を教えてもらうことも度々です。わたしが電話で、

「元気にしてるか？」

と聞いたら女房のことではなく、女房が畑に行って見てきたりんごの木のこと。実をい

うと女房や子供に対しては、わざわざ電話をしてそういう言葉を使ったことがありません。

その辺は女房も心得ていて、

「りんごの木のことだけど」

と前置きしなくても、

「心配しなくても大丈夫だよ」

と返事をしてくれます。

長年連れ添って苦労を共にした夫婦。わかってくれているでしょう。

だから、安心して出かけていられるわけです。逆にいうと、そうしないと出かけることもできません。

りんごの木も、わたしにとっては家族のようなものです。そしてわたしたちは、ともに大変な時期を乗り越えて、頑張って生きてきた仲間なのです。

よその人から見たら、「りんごに話しかけたって、言葉がわかるわけでもないのに」と思うかもしれません。

でも、りんごの木はきっと理解してくれていると思っています。人間の言葉というのは、肥料にも農薬にもなるのです。かつてわたしが話しかけなかった木が、一本も残らず枯れてしまったことは紛れもない事実なのですから。

これはりんごの木に限ったことではないと思います。

すべてのものに言葉の力は有効だと思うのです。有機物に限らず、車や機械だってそういう一面を持っていると思います。

わたしが使っている中国製の重いパソコンは、4年間まったくトラブルがありません。つねに持ち歩いて酷使しているのですが、

「いつもありがとう、お前が必要だから壊れないでくれよ」

と話しかけているからでしょう。

よい言葉をかければ、よい木霊《こだま》が返ってくるのです。

最近は小さくて性能のいいパソコンが4〜5万円で買えるようになりました。次はそちらを買おうかなという思いが頭をよぎるのですが、2台は必要ありませんので、いま使っているのが動いてくれているあいだは、「ありがとう、頑張ってな」といいつづけるつもりです。

癌と仲良く

同い年の知り合いが癌になりました。気がついたときには末期で、国立がんセンターに行ったのですが、「もう手の施しようがない」といわれてしまいました。

最初は直腸癌だったのが肺に転移し、それも進行している……。そのときでも煙草が好

きで吸いつづけていたような人です。からだはボロボロで、「余命1年」といわれました。わたしがそのことを知らされたとき、九州にいる実のお兄さんは葬式の準備に動いていました。本人も「もう1年も、もたないくらいにダメだ……」と諦めていました。

「ダメだと思ったら負けなんだ」と諭しました。

そして、言葉療法を提案したのです。

治療をして排除しようとするから、癌はしゃかりきになって進行するのかもしれません。自分の癌に向かって、「俺のからだが完全にダメになったら、お前たち癌細胞も生きていけないんだよ」とよくいい聞かせてみればいいのではないかと思ったのです。ヘタな化学療法を行うより、手術ができないほど進行してしまったなら、「共生してさぁ、末永く共に生きていこうよ」と仲良くなったほうがいいに違いないと思ったのです。

彼は癌に毎日のように話しかけ、すごく元気になりました。余命1年と宣告された直後は死人のように生気がなかったのですが、見た目にも元気を取り戻し、3年経ったいままだピンピンしています。

わたしは無農薬栽培を通じて、「活かして生きていく」ということを自然から教えてもらいました。人間は人間同士だけで生きているのではなく、虫や微生物や土と共生しているのです。

もちろん、病気に関していえば、早期に発見した病巣は化学療法で治すことも大事でしょう。しかし、もう手の施しようがないくらいに広がってしまったのなら、「共に生きよう」と語りかけることも有効だと思うのです。

そういう実感があって、言葉の力を信じています。

いまは人も言葉も殺伐としすぎている世の中です。経済の発展＝心の崩壊といいますが、言葉の崩壊でもあると思います。

だからこそ、すべての人や物に愛のある言葉をかけるということは、とても大切なことだと思うのです。

個人主義が強すぎるいまの人間社会は、それを忘れているのではないでしょうか。

金属にも魂

たまたま車の修理に行って、出会った整備工の話です。

車の修理というのは床屋さんや美容院と一緒で、一度そこの工場に行くと、次からも同じところへ行くものではないでしょうか。自分のうちから通いやすいところであったり、なにかが気に入ったりして一度行くと、妙にご縁ができます。

そんな調子で入った修理工場でしたが、何度となく通うようになり、その整備工と毎度顔を合わせるようになりました。

だいぶご年配の様子でした。年寄ってきたことも関係あるのでしょう、仕事に慣れすぎて緊張感がなくなってしまったのかもしれません。とにかく仕事が乱雑なのです。一応修理して動くようにはできるのですが、彼が直すと必ずといっていいほど、また壊れてしまいます。わざとやっているわけではありませんし、人柄は決して悪くありません。仕事仲間には慕われているくらいでしたが、あまりにも信じられないようなミスをするので、ちょっと問題になっていました。

具体的には、４つあるタイヤのボルトを全部締めたつもりがひとつ忘れていたり、エンジンを組み立てたなかにスパナを忘れたり……。危なくて仕方がありません。「とても彼には大事な仕事はさせられない」。暗黙の了解のようになっていました。

見兼ねたわたしは、なにかアドバイスできることはないかと仕事ぶりをチェックしていると、気づいたことがありました。

だいたいそういうミスを犯す人というのは、仕事のパートナーである道具に愛着がないものですが、やはりそうでした。とても乱暴に扱っていて、だから整備しおわった車につけたままにしてしまうのです。

彼が使っている工具は、勤めている会社が買ってくれています。プロが使う工具は、見た目は同じようでも、１００円ショップや街の小売店で売っているものとは全然違います。

スパナひとつとっても、材質が全然違い、値段もまったく違います。そんな高い道具なのに、「べつになくしたところでまた工場が買ってくれるから問題ない」と思っているのです。思っている自覚はないかもしれませんが、無自覚でそう思っているのです。

わたしはいいました。

「あんたの道具にはみんな魂があるんだよ。心あるんだよ」

彼はそのときスパナを手にしていましたが、

「そのスパナにだって心があるんだ。口いわない工具だと思って使ってるから、あんたの仕事には魂がこもらないんだ」

実際、彼がスパナで締めても、なぜか緩むことが多いのです。どんな力で締めあげても、なぜか緩むのです。

これは力の問題や技術の問題ではないと思います。そこでこう提案してみました。

「スパナじゃなくて、自分の手で締めている気持ちになってやったらいいんじゃないの?」

実際はスパナで締めていても、それを単なる道具とは思わず、自分の手を使って締めている感覚を持ってもらえば、きっと魂がこもると考えたのです。

最初はポカンと聞いていましたが、いっていることの本質がだんだんとわかってきたようで、「うんうん」と素直に聞いてくれました。

仕事がいい加減なばかりに、もし走行中にタイヤが脱輪したら大事故につながります。

「あんたのやった修理を信頼してみんな走っているんだよ。命を預かってると思って、やってくれなくちゃ」

整備工の仕事の本質は、車の修理といった断片ではありません。

そういう意識の高さと、責任感を持ってほしかったのです。

気持ちが伝わったのか、仕事ぶりが見違えるように変わりました。

変化はまず工具の置き忘れがなくなったことに現れました。道具をとても大切に、丁寧に扱うようになったのです。

やった仕事を必ず点検するようにもなりました。「見直し」というのは、忙しさや慣れで飛ばしてしまうことが多いのですが、彼は必ず見直して、自分の欠点を補うようになったのです。

聞けば、もともとは腕のいい整備士だったそうです。しかし、人間はどこかひとつ心に穴があくと、道を外れてしまうことがあるものです。一度外れると、どんどん悪化してしまいます。そういう状態だったのでしょうが、道具を大切にする心を取り戻してからは、すっかり腕のいい整備士に戻りました。

人間がすごいのは、「思い」や「気持ち」の持ちようで、いくらでも物事を変化させられることです。心の眼が開くのです。その力は、だれにでも、いつでも発揮できます。

わたしは作物の気持ちを理解しようとしました。

赤ちゃんの泣き声、ただそれだけですべてを理解する母親のような気持ちで接すれば、きっと素晴らしい作物になってくれるはず。もしも自分がりんごだったら、野菜だったら、稲だったらどうしてもらいたいか、それを考えるのが百姓として当たり前のことだと思いました。

自分が実践していることを彼に話したわけですが、これはすべてに通じる話だと思います。

約束

農業指導を通じてこれまで、いろんな方と知り合いましたが、なかでも印象に残っている人は、アメリカで脳外科病院を経営して大富豪になったドクター・テベッテスさんという方です。

彼と意気投合したのがどこの場所だったのか、全国各地を飛び回っていてよく覚えていないのですが、トヨタで行った農業指導のときではないかと思います。3日ほどいて、視察に来ていた発展途上国の人々に野菜作りを教えました。

インド、パキスタン、治安が悪化していたアフガニスタンからも来ていました。全部で50人くらい、それぞれの国旗が掲揚されていました。

テベッテスさんは、その試みにかなりの額の寄付をしていて、そのときの懇親会のような場所で会いました。とにかく大変な日本酒好きで、一緒に大酒を飲みました。

泊まっている場所も同じでしたから、「もっと語り合おう」ということで、先に部屋に戻っていたわたしを訪ねてきましたが、いきなりドアを開けてからノックして入ってきました。格好は大富豪にもかかわらず、半ズボンに上半身は裸。

チャーミングで気さくなテベッテスさんと、胡座をかいて飲みはじめました。

テベッテスさんはウイスキーの瓶とコップをふたつ、それと氷を持ってきました。水はありません。コップに氷を入れて、ウイスキーをなみなみと注ぎ、少し飲んではカラ～ンという氷の音をさせます。それがテベッテスさんの飲《や》り方なのでした。

しばらくすると、今度はウイスキーを注いだあとに、持ってきた日本酒を足して飲みはじめました。少し真似をしてみましたが、たしかに美味しかったです。

酌み交わしながら、これからの農業について熱く語り合いました。

テベッテスさんは脳外科医として稼いだ大金をもとに、これからオーストラリアに移住すると話しました。なにに使うのかというと、現地の人々に農業を教えたいというのです。

アメリカでは日本とは違い、稼いだお金を子供たちに残すことはあまりしないそうで、

「わたしが儲けたのはみんなのお陰だから、それをみんなに返すんだ」

といっていました。もう2400エーカーの土地を買ったそうです。坪に換算すると288万坪！　想像もつかないほどの広大な土地です。

「オーストラリアには金脈があるから、金探知機を引きずって歩けば大金持ちになれる。だから遊びにおいで」

ジョークをいって誘ってくれました。

テベッテスさんはわたしの無農薬栽培にとても感銘を受けていて、「よかったら」と援助を申し出てもくれました。わたしはそのとき、目に余るほどの借金を抱えていましたが、ご厚意だけいただくことにしました。

なぜ断ったのかよく覚えていないのですが、やはり同じ農業で未来を変えていこうという同志として、対等でいたかったのかもしれません。

朝までずいぶん話しました。

そのあいだずっと飲んでいたわたしは、次の日にインドの人たちに野菜の作り方を教えたのですが、酒の匂いがプンプンしたのでしょう、だれも寄ってきませんでした。

いま思うと不思議なのです。

当たり前ですが、テベッテスさんは英語を、わたしは日本語を喋ります。通訳はいません。ふたりきりで朝まで話したのは間違いないのですが、一体なにをどうやって話していたのか……。

お互いの意思が通じ合っていたのは、しっかりと記憶に残っています。きっと農業にかける情熱のようなものが、言葉ではなく心でコミュニケーションを取れるようにしてくれたのでしょう。

別れ際《ぎわ》に、わたしは自分がいつも使っている剪定鋏《せんていばさみ》をプレゼントしました。機内には持ち込めませんので、手荷物としてバックに入れてもらいました。

あの剪定鋏は使ってくれたでしょうか。

思えば、農業指導のためにこれほど全国を歩きはじめたのは、テベッテスさんと出会ってからです。

テベッテスさんはオーストラリアで、わたしは日本で、「ともに農業のために尽くしましょう」と約束したのです。

その約束をわたしはいまも守りつづけています。

農業ルネッサンス

テベッテスさんに負けないように、この10年間はまともに休んだことがありません。正月休みもありませんし、ゴールデンウイークやお盆の時期も変わらず仕事をしています。今年は元旦から仕事でしたので、せめて旧正月に休もうと思ったのですが、そもそも平日にすんなり休めるわけがありません。やはり仕事になりました。

これだけ働いても、「時間が足りない」という思いがずっとあります。

いま、わたしは農業指導や講演会のために、日本全国、ときには世界各国を旅しています。気がついたら十数日、家に帰っていないこともあります。

自宅に帰れば、全国から農法に関する質問がファックスで来ています。最初は、普通紙ＦＡＸを使っていましたが、問い合わせがあまりに多く、すぐに紙切れになるため、30メートルの感熱ロール紙に替えました。それでも、受信が多いときには一日で3ロールがなくなります。

女房がせっせと切ってくれるのですが、書かれている質問は1行で終わっても、返す解答はそう簡単には行きません。ひとつひとつ何枚も答えを書いて返すと、時間はあっという間に過ぎていきます。畑から帰ってご飯を食べたあとは、寝るまでほとんどその作業を続けています。

刑務所からの質問もよく来ます。刑務所内にある畑で、受刑者に農業指導をしている刑務官からの質問なのですが、それでよく誤解もされます。

先日も質問の手紙が来て、なかに返信用の切手が１００円分入っていたのですが、Ａ４サイズの封筒を出すと１２０円か、重さによっては１４０円になります。どちらかわからないものですから、切手代を確かめるために女房が郵便局まで行ったのですが、職員は「○○刑務所内○○様」と書いてある宛名を見て、

「差し入れですか？」

といぶかしげに尋ねてきたそうです。

木村家の縁者が塀《へい》のなかに入ってしまったと勘違いされたようで、女房は速攻で、「いいえ、違います！」とかぶりを振ったといっていました。

来客も多く、家にいると突然の訪問もありますので、なるべく畑に出るのですが、そこにも知らない人が訪ねてきます。

わたしのりんご畑がある一帯は、どれがだれの畑か、見分けがつかないくらい一面りんご畑なのですが、みんなちゃんとうちの畑を見つけてくるのです。あるとき不思議に思って聞いてみると、近所の人たちが親切に地図まで書いて教えてくれていたことがわかりました。

先日もそんな団体さんがやってきました。バスや乗用車合わせて20台、１５０人以上です。

アポなしで、わたしが忙しく仕事をしている畑にゾロゾロ入ってきて、挨拶もせず、名刺も出さず、いろいろと質問してくるのです。

そのなかのひとりがいいました。

「あの本に書いてあることはウソだと思っていたけど、本当みたいだね」

「いま雨が多くて、この辺のりんご畑は農薬の散布ができないから害虫が大発生して大変だけど、無農薬のあんたのところはどうなの？　もっと酷いんじゃないの。ん？　へえ、案外、大丈夫なんだね。これは失礼しました」

こういった方たちに、農薬や肥料を使った農法ではなく、自然の声に耳を傾け、自然を活かしながら行う栽培を伝えて、やがては大きな流れにしたいという夢があります。

そして、農薬漬け・肥料漬けの食物を少しでも減らして、人々が健康的な食物をからだに入れられるようにしたいと思っています。

「食の大切さ」は少しずつ見直されていますが、もっと真剣に取り組む問題だと思うのです。

食べ物は、人間のからだだけではなく、心も作っているのです。

いま、日本はとても殺伐としています。いつからか、「ありがとう」「すみません」が自然にいえない社会になってしまいました。たとえいっても上辺ばかりで、薄ら寒い世の中です。

心が荒《すさ》んでいるのは、食べているものが荒んでいるから……そう思うのです。

わたしは完熟堆肥づくりの指導など、北海道を中心に畜産も見ていますが、大手食品会社の下請けをしている大規模豚舎を見て驚きました。

1匹の子豚にしっぽがないのです。

教室ほどの大きさの小屋に20頭くらいの子豚がいるのですが、1匹だけ、あのクルンとしたしっぽがありません。

ほかの子豚にかじられてイジメられているのです。

聞けば、イジメの対象になる子豚が1匹現れると、被害はその1匹に集中するそうです。いじめられている子豚は次第にエサが食べられなくなって痩せていきます。まるで小学校、中学校の教室と同じではないでしょうか。

小屋はとくに狭くもなく、走り回れるくらいの広さはありました。汚いわけでもありません。ストレスが原因ではないようでした。

では、なにが問題か。

エサに問題があるのではないでしょうか。子豚たちはある物質が入ったエサを食べているのです。食べ物によって心が左右されているとしか思えないのです。これはそのまま人間に通じる話でしょう。

さらにいえば、わたしたちは、そんな豚肉を食べているわけです。農薬漬け・肥料漬けの作物や、イジメを行う豚を作らない方法を考えることが、これからの日本にとって大事なことです。

そのために、農家や畜産家には作る責任とモラルを持ってもらいたいですし、食べる人には、食の大切さについて本気で知ってもらいたいと思うのです。

地球のためでもあります。

あまり報道されていませんが、農薬の地質汚染は、地下水や河川で広がっています。

世界文化遺産となった白神山地の源流にはヤマメやイワナが元気に泳いでいますが、下流へ20キロメートル下ると、りんご畑や田んぼが広がり、川魚の背骨に奇形が見られることが報告されています。

日本は水が豊かにある恵まれた国ですが、これから先も良質な水を得るためには、農薬や化学肥料はじめ未熟堆肥が汚染の一因であることを自覚して、一刻も早く対策をとるべきです。

大きな川の流れを変えるのは、並大抵のことではありませんが、わたしが行おうとしているのは、チョロチョロと流れている自然栽培という源流を、本流にして、やがては大河にすることです。

毎日真剣勝負、毎日ドラマ、毎日果てしないロマンに向かっています。

『農業ルネッサンス』です。

終着地はすぐ目の前にある――そんな気がしています。

名誉回復

そういった動きを始めた40歳ごろのことです。わたしの言動を快く思わない人たちから、いろんな目に遭わされました。

なかでも忘れられないのは、仙台で行われた肥料農薬工業会が主催したシンポジウムでのことです。

会場は、たしか仙台市地下鉄の駅が新しく造られて、同時にオープンした施設でした。新築したての匂いが残っていたことを覚えています。

いかに農薬や肥料が安全であるかを語る場で、「日本の農産物は世界に類を見ないほど安全である」というようなタイトルがついていました。

わたしとはまるで関係のない場所ですが、そこに招待されたのです。招待されたということは、てっきりその場で自分の考えを発表できるものだと思っていました。

もちろん、「農薬は素晴らしい」というのが前提の会です。それでも、「りんごは農薬を使わないと病害虫でダメになるというのが常識だけれども、そうじゃなくても作れたよ」という例として呼ばれたと思ったのです。

「これはみんなにりんごの常識を覆してもらう、いいきっかけになるに違いない」と思い、女房と結婚したときに作った背広を着て、張り切って出かけました。

会場はたくさんの人で埋まっていました。

各地の農協をはじめ、農薬・肥料の販売店や、その関係者、記者たちもたくさんいました。わたしは肥料農薬工業会の方々と向かい合う場所に案内されて座りました。

ところが、会が始まると、幹部はこんな挨拶を始めたのです。

「いまの日本は農薬の安全性ばかり気にしています。日本の農産物の残留農薬はまったく問題がない値なのに、我々はいかに日本の農薬や肥料が安全かっていうのをPRしなきゃならなくなった。当然、このPRに伴う経費は、農家や消費者のみなさんに負担が行ってしまいます。これは我々も忍びがたいことです」

そして、わたしのほうを指差して、こういいました。

「そうなったのは、あなたのような生産者がいるからだ！」

話は続きました。

「一般には農薬ばかりが毒のように思われていますが、農薬には大した毒性はなくて、残留農薬も一般の人の口に入るころにはまったく問題がないくらい消えています。それなのに最近は、無農薬野菜に人気が集まる傾向があります。そもそも自然のなかで生存競争に生き残ってきた植物たちは、自分を守るためにいろんな毒素を出しているのです。それは特殊な作物に限ったことではありません。実はその自然毒のほうが問題なのではないでしょうか。なにもやらないで本来の姿に戻す自然栽培は危険なのです」

冒頭の挨拶から憮然として聞いていましたが、これには耳を疑いました。農薬より、自然毒のほうが問題だというのです。そんなことは１００％あり得ません。

自分たちの身を守るために農薬という毒素を出しているのは人間のほうです。作物たちに対してなんと酷《ひど》いことをいうのだろう……と恐ろしいものを感じました。

さらに、岩手県で無農薬りんごを5年間栽培している方の畑をスライドで見せられました。

スクリーンで見る限り畑は荒れていて、わたしとはまったく違うやり方をしていました。

それを見ながら幹部の人は、

「これが栽培といえますか？」

「りんご畑といえるのでしょうか」

説明ではなく感想を述べていきます。

すると、記者から手が上がり、

「この人の畑もそうでしょう？」

再びわたしに矛先を向けるのです。

わたしが答えられるならまだしも、それを受けて、今度は幹部の人が勝手にわたしの畑の話を始めました。

「わたし、この方の畑を視察に行ってきました。やはり大きな間違いがありました」

もちろん、わたしの許可を取っているわけではありません。間違いもなにも、わたしのやり方を知らない人がわたしの畑を見ても、なにひとつ理解できるわけがありません。

結局、発言する機会はなく、後ろ指を指されに行っただけでした。

吊し上げに遭うために一張羅を着て仙台に行ったのです。

無農薬・無肥料でりんご栽培を成功させたわたしは、農薬推進の立場にいる人たちからすれば敵でしかなかったのです。

これは宮城県の地方紙にも掲載された事実です。

時期的に考えれば、ちょうど北海道で問題になった『りんご裁判』が終わったころでした。

りんご裁判とは、わたしと同じく、福岡正信さんの『自然農法』に憧れて、自然栽培でりんごを栽培しようとした人が、隣の畑の持ち主に訴えられた事件です。

北海道で無農薬りんご栽培をする方が、お隣でりんご栽培をする原告に、「農薬散布をしないことによって、自分の畑にも被害が出た」と損害賠償を求められたのです。

わたしは被告側のアドバイザーを求められて、裁判に関わることになりました。

畑を見ると、『わら一本の革命』の著者・福岡正信さん流の自然農法にもとづく実施者でした。人間が余計な手をかけないでおくと、土が自然な状態に戻っていくという考え方で、さらに「自分の畑だから自分の好きなように栽培したい」という見解です。

わたしの場合は土の状態が自然に近づくように調節することから始まり、細かく手を入れた自然栽培です。毎年近所の畑の持ち主に、「今年も無農薬をやらせてください」と頭を下げて回ってもいました。無農薬・無肥料で栽培している者同士とはいえ、少し違う立場だったのです。

しかし、「栽培する自由がほしい」と主張する被告の気持ちはよくわかりました。わたしも「栽培の自由」という言葉がほしかったのです。

無農薬にする以前、りんご栽培自体を始めて3年ほど経ったころ、青森県に『りんごに関する県条例』というものができました。いまは存在していないそうですが、かつてありました。

「病害虫の対処には、農薬や肥料、もしくは同等の資材を用いて徹底管理をしなさい」

これが条例の趣旨です。病害虫が蔓延して被害が広がれば周辺の畑にも大きな損害をもたらす恐れがあるため、主に『放置園』に対して適用される条例です。

わたしが無農薬を始めてりんごの木が毎年葉を落とし、蔓延する害虫をビニール袋いっぱいにとっているころ、厳しい視線の持ち主である近隣農家から、「あの畑は条例違反でないのか」という声が聞こえてきました。虫たちは、むしろ農薬を使っている畑からこちらに避難していたわけですが、被告が「あなたの畑は病害虫の巣だ」と非難されている姿は、とても他人事とは思えませんでした。

りんご裁判はいままでに例を見ない裁判です。裁判というものは一度判例ができると、次からもそれに大きく影響されるものです。

だからこそ、「栽培の自由」は、わたしにとってもぜひとも勝ち取らなければいけない言質でした。

わたしは3年にわたり、三十数回も小樽に入りました。

ところが、それを見て嫌味をいう人が現れました。

「木村が裁判に来るのは売名行為、自分の名前を売るために来てるんだ」

まったくの嘘。当時はようやくりんごがうまく行きはじめたころで、お金なんてありませんでしたから、フェリーで函館まで行き、レンタカーを借りて裁判所に駆けつけていました。軽自動車がなく、安いのはサニーやカローラ、ファミリアという排気量の一番小さいクラスで、そのなかでも最も安いマツダ・ファミリアが空いていれば必ず借りていました。

帰りは来た道をまた戻る……りんご裁判の被告側の松村弁護士が証人です。

みんな手弁当で参加していた、気力だけの裁判でした。

この裁判は3年経っても結論が出ず、和解というかたちで幕を閉じました。

しかし、和解文には「栽培の自由」が入ったのです。万が一、この先「農薬を撒かないのはダメだ」と県から文句が来ても、裁判所のお墨付きがあるわけです。

後日談があります。

当時の裁判官だった人が、退官してから訪ねてきてくれたのです。畑でいろんな話をしました。その人は苦しそうにいいました。

「あのときは自分でも判決を出せなかった……」

前代未聞の裁判ですから、もし間違った判決を出すと、取り返すのにすごく時間がかかります。

「和解するより方法がなかったんだ」

辛そうにいっていました。

りんご裁判は、わたしにとっても大きなハードルで、ひとつの踏み絵にもなりました。あのころは「人間にとって正しいものは正しいんだ」と意思表示していくべきターニングポイントだったと思います。

もちろん、いくら志があっても近隣の人に迷惑をかけて行うのはダメです。迷惑をかけていない限り、「栽培の自由」という権利はあるのです。

ひと口に無農薬といっても、わたしが「無」という言葉を得るまでは、決して簡単な一本道ではありませんでした。りんごが実るまでに自然相手に惨憺たる思いを味わい、さらに、それと同じくらい、世間とも格闘していたのです。

仙台でやり玉にあげられたのは、裁判が終わったころでした。

時を経て、わたしが独自に発見していった栽培法は、少しずつ認められて市民権を得つつあります。

各地で講演をしたり農業指導をしたり、いろんな人がわたしの畑を見学に来るなかで、

なんとあの肥料農業工業会もやってきて、

「その節は大変失礼をしました」

と謝ってくれたのです。

正直いってこれまでで一番嬉しい謝罪でした。

わたしがやっていることはなにひとつ変わりません。かつてバカにされた自分を褒めてあげたいような気持ちになりました。

もっと驚いたことも起こりました。

大日本農会の会長から依頼が来て、無農薬・無肥料栽培について、スピーチをしてほしいというのです。

大日本農会とは農林水産省生産局の公益法人で、従来型の農業を推進している機関です。いわば、わたしのやり方とは正反対の組織なのにスピーチの依頼が来るとは、ハッキリいって、これまでの状況からしたら考えられないことです。

わたしは農水省の幹部や技術者ばかりが集まった会場で、無農薬栽培に対する取り組みをお話することになりました。

りんごの無農薬・無肥料栽培をやってきて気づいたこと、無農薬・無肥料の米作りについて思うこと、そして農業に対する想い……そんなわたしのいまを、2時間にわたって発表しました。

りんごの腐敗実験。わたしのりんごは腐ることなく、枯れていきます

ニンジンの腐敗実験。ニンジンをスライスして瓶に入れ、2週間放置した状態。左から自然栽培、有機栽培、植物性の堆肥のみを使用して栽培

左から自然栽培のキュウリ、有機栽培、一般栽培。人のお腹のなかで、このようになっているかもしれないと思うと、食について深く考えさせられます

農水省を批判するような話も入れました。日本は世界でも突出した農薬依存農法をとっており、そういった農薬漬け、肥料漬けの農業を見直す時期にあること、JAが認証している有機栽培した米や野菜はとても腐りやすいこと（逆に自然栽培は腐りにくいこと）、また農業による環境汚染について、そしてかねてから疑問に思っていた『特定農薬』についても触れました。

特定農薬とは2002年に改正された法律のなかに設けられた制度で、農水省の定義によれば、

「その原材料に照らし農作物等、人畜及び水産動植物に害を及ぼすおそれがないことが明らかなものとして農林水産大臣及び環境大臣が指定する農薬（農薬取締法第2条第1項）」

とあります。

現在特定されているのは、食酢や重曹。「保留」とされているものは牛乳やビール、ニンニクなどがあります。

病害虫に効果があるからといって、食酢や重曹が農薬に入るなど、どう考えてもおかしいことです。農薬を使わず、食酢を散布して作ったりんごは無農薬ではないのでしょうか？　みなさんが日常的にからだに入れている食酢は農薬なのでしょうか？

日本だけが設けている制度です。なんでも決まりを作って規制すればいいというものではありません。国はもう少しよく考えるべきではないでしょうか。

米の腐敗実験。左のふたつは有機栽培米。右は自然栽培米
ある老舗百貨店から、この実験結果を「見せてほしい」と頼まれ、電車に乗って持っていく途中、あまりの臭さに苦情が出てJRの職員に、「次の駅で下車してください」と降ろされました。「いったいなにを持ち込んだ？」と訊かれたので詳しく説明すると理解してもらえまして、クルマでデパートまで乗せていってくれました。かつて出稼ぎで東海道新幹線の夜間補修工事を担当したこともあり、JRとはなにかと縁があります

もちろん、わたしの意見ひとつで法律が変わるわけではありませんが、そういったことを考えているわたしに、農水省の方々の前でスピーチができる時代が来たのです。

このときの話は、大日本農会の会誌にも掲載されました。

「時代は間違いなく変わってきている」

それを実感した出来事でした。

ほどなくして、今度は東北農政局から「会ってくれませんか」というお願いの文書が届きました。農水省本省から直接わたしのところにいろいろな幹部が来ていたので、東北農政局の人たちは驚いたのでしょう。

しかし、そんなことはどうでもいいのです。

わたしは特別新しいことをしているわけではありません。山の土や自然の生態を観察して、畑をよりそのような状態に近づけているだけなのです。それが農業の教科書に載っている常識や、農水省が推奨しているやり方と違っているというだけです。

りんご農家にとり、「立派なりんごを作るためには農薬や肥料は必要不可欠である」というのは常識ですが、わたしはたくさんの失敗を繰りかえしつつ、長い年月をかけて、「その常識は間違っている」という結論を出すことができました。

いっときの常識、見えない真実。

世の中は、常識とされていることを土台に経済活動がなされていますが、これからの農業はそれよりもなによりも、食べる人のことを本気で考えていかなければ発展しないと思います。

そして、消費者のみなさんには、食の大事さについて見直してほしいと願っています。

世界一

りんごが実りはじめ、我が家に世間並みの生活が訪れようとしたとき、親父とお袋が亡くなってしまいました。

わたしの実家の両親はまだ健在ですが、共に生活をしてきた親父とお袋が早くに逝ってしまったのは、わたしがものすごい苦労をかけたせいだと思っています。

ちょうど、無農薬のりんご栽培が、なんとかかたちになってきたころでした。

親父もお袋も、うちにお金がないのはわかっていましたから、具合が悪くてもなかなか病院に行きません。

そんなお袋が珍しく不調を訴えて病院に向かいました。

診断結果は癌でした。

末期です。胃癌から始まって肝臓に転移して、全身に広がっていました。手術できないくらい、からだじゅうを蝕んでいました。

お袋は痛みを我慢しつづけ、さぞかし辛かったろうに、「病院の世話になればお金がかかる」とギリギリまで耐えていたのです。いたたまれない気持ちになりました。

即入院しましたが、「そう長くはない」と医者に告げられました。

りんご畑ではこの年、初めて『世界一』が実をつけました。

世界一はすごく不規則な品種で、花はちゃんと咲いて実をつけるのですが、ある程度の大きさになったころ、実が黄色く変色して落ちてしまうのです。

『ジューン（6月）ドロップ』という現象で、わたしの畑でもほかのりんごがどんどん順調に実をつけるなか、世界一だけは毎年その現象に悩まされていました。

ところが、この年初めてしっかりと実をつけたのです。

10月のある日のこと。

数個だけでしたが、立派に収穫の時期を迎えました。

畑仕事を終わらせたあと、初めて実った世界一をお袋のためにひとつ収穫し、病院へと急ぎました。夢の実現を教えてあげたかったのです。

病院に着くと、お袋は意識不明の重体になっていました。

親父、女房、娘たち、お袋の兄弟たちも駆けつけていました。聞けばちょうどわたしが畑で作業をしているあいだに意識がなくなり、女房は医者から、「おそらく、もうきょうで……ご家族に連絡してください」といわれていたのでした。畑にいたわたしとは連絡がとれず、危篤であることを知らせられなかったとのことでした。

眠っているような顔を見て、死期が近いことを覚《さと》りました。親戚が亡くなっていくのを何人も見てきましたが、お袋の様子は果たしてあと5～6分持つのかさえわからない状態でした。

わたしは少しでも安心させたくて、ベッドに横たわるお袋の片手を取り、もぎとったばかりの世界一を手のひらに載せました。

すると、意識が途切れているはずのお袋のもう片方の手が動き、そっと両手で世界一を包みました。

後ろの親父たちからすすり泣く声が聞こえてきました。

わたしも心は泣いていた。

両方の思いがありました。

最後になんとか「無農薬でも立派な世界一が栽培できるんだよ」と証明できて、お袋を送ってやることができてよかった……という思い。

もうひとつは、わたしが無農薬栽培にこだわらずにりんごを作っていれば、こんなに苦労や心配をかけないで、もっと長生きしてもらえたのに……という思い。

胸がいっぱいになりました。

そして、誓ったのです。

「うちのすべての畑を、農薬や肥料を使っている畑と見劣りしない姿に、必ずしてやるからな」

数時間後にお袋は亡くなりました。

60歳という若さでした。

このとき、実は親父も同じ病院の別の病棟に入院していました。

お袋が癌で入院したあと、親父に黄疸が出てからだ全体が黄色くなったのです。

「これはなんとしてでも病院に行ってもらわないといけない」

お袋と同様になかなか行きたがらない親父を説き伏せ、ようやく病院に連れていきました。結果、親父は初期の胃癌とわかったのです。

からだ全体が黄色くなったのは、胆のうから胃へ送るパイプで胆液が詰まって溢れ出したからでした。

親父は発見が早かったこともあり、再発を防ぐために、胃の3分の2を取ってもらいました。

いよいよお袋が危なくなったとき、わたしは担当医師に、親父とお袋の部屋を一緒にしてくれるようにお願いしました。

お袋の癌は、最初から末期だといわれていましたから、親父も回復することは諦めていたと思います。

しかし、何十年も一緒に生活してきた自分の女房です。もう二度と会えなくなる心中は計り知れません。わたしの願いはお袋が集中治療室から出られないためにに叶いませんでしたが、親父は自分の病棟からお袋の病室に通いつづけました。

お袋が亡くなったあと、親父は葬式のために退院の予定を早めて家に帰ってきました。バタバタといろんな手続きを済ませて、お袋を送り出したあとはずいぶん寂しそうに見えましたが、からだのほうは順調に回復していきました。

ただ、もうほとんど農作業はしませんでした。たまに畑へ来ては現場を確認する、現場監督のような立場になってもらいました。気楽な隠居生活をさせてあげたかったのです。

お袋に誓った約束を守り、うちの畑は年々収穫量を上げて出荷も安定していきました。最低だった生活はようやく好転し、親父は安心感からか、4〜5年後に痴呆症になりました。

痴呆になっても親父はあらゆるところで、わたしたち一家が成し遂げたりんご栽培の話をしていました。

うちの畑は、長年めちゃくちゃな姿を晒《さら》していましたから、婿にそんなことをさせている親父という立場に対しても、世間の風当たりは強かったと思います。

時間はかかったけれども、間違いではなかったと証明されたわけで、親父にとってもとても誇らしかったと思います。

親戚の結婚式に出席したときのことです。親父は、

「りんごは農薬・肥料を使わなくても実るんだから」

「うちのやり方は間違っていなかったんだよ」

と手当たり次第に何度も力説していました。

それを見てわたしは、親戚たちからの、

「あんな婿は出してしまえ！」

「あんたがついていて、なにやってる！」

という重圧が、親父にとってもいかに苦しいものだったのかと、いまさらながらに感じました。

そのあと親父は風邪を引いて入院した病院で院内感染し、呆気なく逝ってしまいました。

お袋が亡くなってから10年が過ぎていました。

親父は将棋が好きだったのですが、痴呆にかかったあとも将棋を指しているときだけは、最高に頭が冴えていました。

将棋盤を見つめる親父の姿は、いつまでも心に残っています。

いま考えれば……と思うことはたくさんあります。

実家から絶縁され、10年間出入り禁止になったことも、それはそれでむしろよかったのかもしれません。「頑張れよ、頑張れよ」と実家の両親が優しく見守りつづけていたら、

成功しなかったかもしれません。親戚や近所の厳しい目も、ある意味必要なものだったといえます。

だれも理解してくれない、そのあいだに根っこがいっぱい広がっていった。大きくなっていったのではないかと思います。

実父は無農薬を続けることに、「いつになったらやめるんだ」とずっと反対していましたが、実母はこっそりいいました。

「一生は1回しかないんだから、悔いのない一生を送れ」

「踏まれても踏まれても、負けない雑草になれ」

実母は、それほど学はありませんでした。川崎でのサラリーマン時代に、蝶々を「てふてふ」と書いた手紙を寄こし、読みづらくて大変だったこともあります。けれどもすごいことをいうなぁと思い、そのときはやけにでっかく見えたものです。

わたしは人に恵まれていました。

いつも独りではありませんでした。

孤軍奮闘しているような気持ちになったこともありましたが、いつもわたしを支えてくれている人たちがいたのです。

辛かったお金の面でも、銀行の支店長さんは「返済を10年待つ」といってくれました。別の支店に転勤になったときは申し送り事項の筆頭にそれを記し、さらに、「完済のときは三つ揃いのスーツを贈ること」と書き足してあったといいます。

目に見えない、いろんな要素にも恵まれていました。

だからこそ無謀な挑戦が何度もできたのです。

やらざるを得ないレールが初めから敷かれていたような気もします。

遠くまで走ったと思っても結局はお釈迦様の手のなかにいた孫悟空と同じで、わたしも宇宙が用意した舞台の上で踊らされていただけかもしれない……そう思う瞬間がありまず。

なにか大きな力に操られ、「あっちへ行け」といわれても意思に反したばかりに辛酸を舐めつづけ、呆れ果てた神様からようやく正解を教えてもらっただけ——それが真実かもしれません。

第4章　まだ足りない

拉致

岩木山で生命《いのち》の真実を知らされてから、わたしは遮二無二りんごの生産に挑み、安定した収穫と、極貧生活からの脱出、そして人並みの家庭を築けるようになりました。ただし、それはわたしの一面であり、地上に見えている枝葉の部分です。土のなかを語らないわけにはいきません。地下部の根は、地上の2倍あるのですから。

北海道の仁木町で起こったりんご裁判がまた係争中のときです。再びふたり組の宇宙人がやってきました。

前回は人生のうちで最も酷い精神状態だった35歳、今回は未来に向けてキラキラ輝いている40歳。両極端を知っている彼らに、なにやら因縁を感じざるを得ません。

再会はなんの前触れもなく突然に訪れ、場所は意外なところでした。

りんご裁判の被告側アドバイザーを務めていた関係で、福留さんがメインアナウンサーをやっていた『ズームイン朝』から取材を受けることになりました。取材陣が来る前の晩のことですから、よく覚えています。

深夜2時くらいだったでしょうか。

2階でひとりで寝ていると、いつもは朝が来るまで起きないのに、なぜか目が覚めてしまいました。「あぁ、生放送のテレビ出演に緊張しているのかな?」などと思っていたときでした。

背後の部屋の窓が突然パーッと開いたのです。ちゃんとロックしてあるアルミサッシでしたが、壊されることもなく、まるで気で操られたかのごとく、自動的に開いたのです。

反射的に目をやると、窓の向こうには畑で対面した宇宙人とまったく同じ姿をしたふたり組が浮いていていました。

いうまでもありませんが、はしごをかけているのではなく、自然に浮いているのです。同一人物なのかはわかりませんが、やはり全身が黒く、顔にはふたつの大きな目だけがありました。

約束などしてない招かれざる客です。

わたしはだれかに助けを求めるとか悲鳴をあげるとかを超越したものすごい恐怖のなか、ただ凝視していました。

彼らはあのときと同じようにスーッという動きで部屋に入って近づいてくると、脇を片方ずつ抱えて、そのままヒューッと窓の外に連れ出したのです。

抵抗する間もありませんでした。からだは小さいのに、力がものすごく強いのです。あまりの展開に呆気にとられていたということもありますが、なすがままでした。

2階の窓の外は3メートル空中です。彼らはからだのどこを動かすでもなく、わたしを抱えたまま空中を移動して上空へと上がっていきました。

だんだん小さくなる自宅を眺めていました。自分の家の屋根を見たのは初めてです。

抱えられたまま高く上がっていくと、やがて夜の闇のなかに縦状の光が見えました。オレンジとも黄色とも違う暖かい色の光が縞模様になっていました。

「あぁ、あの光源に向かっているんだな」

直感的に思いました。

「きっとそこにはＵＦＯがあるんだろうなぁ……」

次の瞬間、気がつくとベンチのようなものに座らされ、まぶしい光に包まれていました。

再び気がついたときは、ＵＦＯであろうものの室内にいました。

「あれ、いつ乗ったんだ？」

乗り込む瞬間のことはまったく覚えていません。急いで辺りを見渡しても、自動ドアのようなものとか、扉を思わせるようなものは一切ありません。

「どこから入ったんだろう……」

室内を見ると、蛍光灯のような照明器具は見当たらないのに、天井や壁、側板、床に至るまで、すべてがとにかく明るいのに驚きました。光が溢れるような部屋で、とてもきれいでした。

ＵＦＯに入ってすぐ隅っこに座らされました。

そのときにわかったのですが、ほかに地球人の先客が2名いました。隣には白人の若い女性がいて、その隣には白人の男性が座っているのです。男の人は体格や雰囲気からして軍人のようでした。

わたしは英語が苦手ですから、ふたりと話すことに躊躇しましたが、その男女も話している様子はありませんでした。

そうこうするうちに白人女性が宇宙人に促されながら連れていかれ、次は軍人のような白人男性が同じようにどこかに連れていかれました。続いてわたしも連れてこられたときと同じふたり組の宇宙人に先導されて連れていかれました。

進んだ先の部屋も全体的に煌々と明るく、先に連れていかれた2名がしっかりした台の上に裸で寝かされて、固定されているのが見えました。

その台がどういう素材だかよくはわかりませんが、平らでがっしりとしていて、手や足を固定するようなものがありました。

ふたりは抵抗するでもなく、ただ仰向けに寝ていました。

ふたりを囲むように、黒くて目が大きい宇宙人が何人か集まって観察していました。とくにそれ以上なにかされることはない雰囲気で、まさに「観察している」といった感じでしたが、なにを観察して、その大きな目になにが見えていたのかはわかりません。

わたしは展開の流れからしても、「次に観察されるのだろうな」と思って立っていました。

普通ならUFOに連れてこられただけでも失禁もので、不気味な宇宙人に観察されるなど卒倒ものですが、不思議と「逃げたい」とか「怖い」といった感情は湧いてきませんでした。彼らに両脇を抱えられた辺りから、なぜか親近感を持ったようです。暴れて逃げる意思もありませんでしたし、恐怖感もなくなりました。説明できない感情です。

裸で観察されるのもヨシと思っていましたが、意外にもそうはならず、ふたりの白人が観察されている部屋から別の部屋に連れていかれました。

宇宙船の操縦室のようでした。そこでUFOの動力について教えてもらったのです。

「これは動力物質のスペアです。ほとんど取り替えることはないのですが、予備で用意しています」

厚さ1センチ、一辺が20センチほどの三角形の黒くて硬い金属を渡してくれました。

彼らに口はありません。彼らとの会話はいつも意思が頭に直接響くように伝わる感じです。

「うわあ！」

手に取って驚きました。思わず声が出るほど重いのです。小学生くらいの大きさの彼らが片手で軽々と持っていた物質は、いざ受け取ってみると両手で支えるのが精一杯という重さでした。

「それは宇宙船の推進力となっているKという物質です」

K……。

単純にKと考えればカリウムですが、きっとそうではないのでしょう。

そんな考えを読みとったかのように、彼らは話しはじめました。

「地球で発見されている元素は120くらいですが、実際に使われているのは30くらいでしょう。しかし我々は256ある元素をすべて使っているのです」

「地球人は頭が悪い」といわんばかりの話でしたが、彼らが乗っているUFOと同じものを造る技術がないのは間違いありません。

反論する気も起きず、黙って聞いていると、彼らは元素のほかにも、時間の感覚がまったく違うことを教えてくれました。

「地球の時間で1000年かけないと移動できない距離も、我々は『そこに行く』と思った瞬間に移動できます」

こうもいっていました。

「我々は時間と時間のなかを歩いて移動しているのです」

わたしは高校生のときに見た、足を上げたまま固まったオヤジさんを思い浮かべました。

この世で普通に歩くとき、片足を上げてから着地するまでの時間は0.5秒くらいでしょう。0.5秒のあいだに、50秒進む別の世界があるとしたら、それが龍のいた次元ではないかと思うわけです。高校2年生のわたしはその高次元に首を突っ込み、龍が現れてから天空に飛び立つまでの50秒を、そちらの世界で過ごしたわけです。100倍速い世界。

たしかに、地球人の時間は地球人が勝手に決めた時間です。宇宙人から見たら違うものかもしれません。

たとえば地球の自転は一日1回だといわれていますが、太陽系の引力からしたら、1回転だと落ちるか飛んでいくという説もあるそうです。宇宙の常識と地球のそれは、かなりズレているのかもしれません。

さらに、時間の感覚だけではなく、具体的な時間の単位も地球とは違っていました。9進法だったような気がします。詳しく聞いたのですが、残念ながらよく覚えていません。

その部屋だったか別の部屋だったか記憶が曖昧なのですが、巨大なカレンダーのようなものを見ました。

UFOの内部はいったいどこまであるのかよくわからないほど天井が高いのですが、その上のほうまで届く、巨大な1枚の紙のようなものがボーンと存在していて、1、2、3、4、5といったアラビア数字ではなく、ローマ数字のようなものがいくつも並んでいました。

「あれはなんですか?」

声を出して訊ねると、彼らは教えてくれました。

「あれは地球のカレンダーです」

「地球のカレンダー？　じゃあ、最後の数字の先はないのですか？」

「ご覧の通り、最後の数字で終わりになります」

彼らにカレンダーの見方を教えてもらい、最後の数字を確認しました。果たしてそれは、幻想のなかでソクラテスに似た人に告げられた、地球のカレンダーが終わる年号と同じ数字だったのです。

もしそれが本当なら……。年号はソクラテス似の人にいわれた通り、だれにも話せませんが、気が遠くなるほど遠い未来の話ではありません。いえるのは、時間がないということだけです。

奇妙な数字の一致は、わたしがいまどんなに大変でも必死に働いている原動力の、大きな要因になっています。

佇みながら想像を巡らせていると、宇宙人は「座るように」と促し、ひとりベンチのようなところに腰かけさせられました。

もうわたしは用事が済んだのでしょう。送り返す時間が来たのかもしれません。

ホッとひと息ついてどこまでも高い天井を見上げると、上のほうに窓のようなものがあるのが見えました。外の景色が見たくなり、ベンチの上に立ちあがって窓に額をくっつけました。

見えたのは、たくさんの明かりでした。

高層マンションや高層ホテルが作り出す夜景を、ビルごと横に倒したような景色でした。たくさんの明かりが横いっぱいに広がっているのが見えたのです。

連れてこられた道のりを考えれば、ＵＦＯは弘前市の上空にあるはずですが、青森県にそのような夜景はありません。

そもそもわたし以外の人間ふたりは白人です。窓の外の明かりを眺めながら、「地球外の土地」に思いを馳せていました。

やがて白人の男女が歩いて入ってきました。

どうやら帰る時刻が来たようです。

宇宙人はわたしたち全員に三者三様のお土産をくれました。

女性は円錐のようなかたちをしたものを、男性はサイコロのようなかたちをしたものを、わたしは手のひらで包めるような丸い玉を、それぞれ手渡しでもらいました。

かたちは違えども、ものすごく重い素材でできているのは同じようで、わたしの球体もやたらと重く、みんな手で持つのがやっとといったふうで抱えていました。

帰りは、来たときと同様に断片的な記憶しかありません。気がついたら宇宙人のふたり組に両脇を抱えられ、自宅２階の窓の外にいました。

部屋には彼らと一緒にスーッと入りましたが、気がつくといなくなっていました。

朝までまだ時間があったので、なにも考えずに布団に潜りこみ、そのまま眠りにつきました。

何時間寝たのでしょう。起きてみると、もらったはずの球体のおみやげは跡形もなく消えていました。

たったひとつの証拠物件がなくなり、

「絶対に夢ではない、間違いなく現実だった」

と感じる一方で、

「他人には夢だといわれるだろうな……」

と考えていました。

『ズームイン朝』の中継はわたしの畑から行われ、生放送は無事終わり、無農薬栽培のアドバイザーとしての役目を果たすことができました。

ホッとしていると、生中継が終わってすぐに『日本ＵＦＯ研究会』と名乗る人たちが畑にやってきました。

別にわたしの身に起こったことを調査しにきたわけではありません。

彼らの情報網がどうなっているのかはわかりませんが、わたしの畑の周辺が観測に適していると思ったのでしょう、「２日間くらいの予定で調査を始める」といい、パラボラアンテナを載せた車、電源車、普通車と、合計３台を畑の横の小高い場所に停めました。

わたしの敷地ではありませんでしたので、

「隣の持ち主に断ってくださいね」

というと、彼らはこの辺りの畑の所有者が書いてある地図を見せ、

「ええ、○○さんにお伝えして了解を得ております」

としっかりと下調べをしているようでした。

奇妙な体験をした昨日《きのう》の今日《きょう》です。わたしとはまったく関係のない事情でやってきた彼らでしょうが、不思議な一致に胸が騒ぎました。

それからもUFOとの縁は続きました。

一致

5年ほどあと、家で女房とふたり、何気なくテレビを観ていたときのことです。「UFOは本当に実在するのか」といったことを検証する特別番組でした。

そこに「宇宙人に連れ去られた経験がある」という女性がVTRで出てきたのです。よく見ると、なんとあのときに一緒になった若い白人の女性に間違いありません。

「おいおい、この女の人、わたしと一緒にUFOにいた人だ！」

「エーッ、またお父さん、そんなことといって……」

女房にはＵＦＯに乗った話もしていましたが、まったく信じようとはしませんでした。ところが、その女性が証言することは、ことごとくわたしが女房に説明していたことと一致するのです。ＵＦＯの内部の様子、そこで行われたこと、帰り際に渡されたおみやげ……。白人女性はこうもいっていました。

「わたしのほかにも人間がいました。ひとりは白人で軍人のような男性、もうひとりは眼鏡をかけた東洋人の男性でした」

まさにわたしのことです。

「やっぱりあれは夢ではなかったんだな」

確証を得ました。

同じ日本人同士ならまだしも、海外にいる連絡先もわからない女性と口裏を合わせることはできません。

ただし、その白人女性は、「ＵＦＯに6時間滞在していた」といっていましたが、わたしはそんなにいなかったと感じています。どうにもＵＦＯ絡みの記憶は、なぜか断片的であったり、飛んだり、普通の記憶より荒いのです。

これは憶測に過ぎませんが、もしかしたら、わたしやこの女性が持っているＵＦＯや宇宙人の記憶は、本来なら消されている情報なのかもしれません。予想外に消えずに残っていて、いまわたしはこの原稿を書いているのではないでしょうか。

現実と符合した話がもうひとつあります。

宇宙人から聞いた元素の話を、東北大学の農学研究科の教授にお会いしたときに質問してみました。

「地球で使われている元素はどれくらいあるんでしょう?」

「知られている元素は120くらいでしょう。そのなかから現在使われているのは20〜30くらいでしょうな」

宇宙人がいったことと、まったく同じだったのです。

UFOという存在はいまだに解明されておらず、「信じる? 信じない?」という存在です。あまりに「UFO、UFO」と騒いでいると、ちょっと頭のおかしい人かと思われるでしょう。わたしも初めてUFOを見てから、いろんな人に話してきましたが、ほとんどの人は信じてくれないのが現状です。よくわからないものや地球の科学で解明できないものは、うかつに受け入れてはいけないのが、いまの常識です。

しかし、宇宙人の言葉を借りれば、地球の科学ではまだ知られていない元素、使えていない元素が100以上もあるのです。我々が頼りにしている科学なんて、大したことはないのです。

わたしのUFO話を笑っていた友達が、夜釣りをしていたときのことです。

「なんだろう、あれ」

友達3人で堤防から竿を下ろしていると、海の底のほうでなにか一瞬、光るものが見えました。

みんなで海底を見ていると、その光はぐんぐん大きくなり、ついにはザッバ～ンと海面を突き破り目の前を空に向かって飛んでいったそうです。それはまるで海から雷が出てきたような衝撃で、同時にその巨大な発光体が起した波をまともにかぶって、びしょ濡れになってしまいました。

あまりのことに、みんな竿やエサなどを放り出したまま、車も1台置いたまま、ひとつの車に急いで乗り込んで帰ってきたそうです。

その日以来、友人は、

「あの海から空に飛んでいったものは絶対にＵＦＯだ。俺は信じる。いままで信じなくて悪かったな」

以来、関連本を読み漁って調べています。

ＵＦＯは見たいといっても、見たいときにすぐ現れてくれません。

我が家の上を頻繁に通り過ぎていたころ、どうしても見たいという友人が、鹿児島から弘前まで見にきたことがありました。

彼が来る前日も確認できていましたし、彼が来た日も気持ちのよい晴れでした。ところが、いつも通りすぎる夜の7時前から座ってスタンバイしているのに、一向に姿を現しません。

「せっかく鹿児島から来たのに気の毒によお」

友人はついに見ることのできないまま青森をあとにしました。

ところが、その夜にわたしたち夫婦の前にまた登場したのです。

もしかすると、UFOにも本当に気に入られているのかもしれません。

思い起こせば出稼ぎで山子《やまご》（木を切る職人）として、アイヌの人たちのなかにひとり交ざって北海道を転々としていたおり、いきなり、

「内地の兄ちゃん、あんた宇宙人だろ？」

といわれて面喰らったことがありました。

山に入って大木を切り倒し、3本で10トンはあろうかという材木を直径5センチの極太ワイヤーでひとくくりし、ブルドーザーを操作して大型トラックがいる積み込み場所まで運ぶ仕事でした。

その重労働に汗を流しているのは、わたし以外にいませんでしたが、アイヌの人たちが、

「兄ちゃん、勝手にアルバイト呼んじゃ、現場監督に叱られるぞ」

と忠告するのです。

本気で「宇宙人」と思われたのかもしれません。

龍、再び

高校2年で初めて龍に出会ってから三十数年後、再び龍と遭遇しました。今度はひとりではありません。

北海道のある施設のなかの蕎麦屋さんで、みんなで食事をしたあとのことです。

雨が降っていましたので、施設にある外廊下の一角に男8人で集合し、小学生の遠足のようにワイワイと写真を撮っていました。

後ろには悠々とした山がそびえ、記念写真を撮るにはとてもいいポジション。カメラマンになってくれた人はマニアで、普通のデジカメではなく、昔の大型カメラをわざわざ持ってきていました。結婚式の集合写真を撮るような、シャッターを切るたびに1枚ずつ抜いていく古いタイプ。見るからに重そうなのに、三脚ではなくて首から下げて、ピントを合わせて準備をしていました。

さぁいよいよ態勢が整って、「はい、チーズ」となったときです。

みんな笑顔でシャッターが押されるのを待っていました。ところが、なかなか切りません。なにが気に入らないのか、わたしたちのほうを指差したまま固まっているのです。みんな笑顔で停止しているものですから、早くしてほしい。雨が降っていて寒くもありました。ひとりが痺れを切らしていいました。

「おい、早くシャッター押せよ」

固まっていたカメラマンが、ようやく口を開きました。

「……後ろ、後ろ！　後ろ見ろ！」

「なんだぁ？」

振り向くと、山の手前、雲と雲のあいだを、龍のような姿をしたものが悠然と移動している様《さま》が見えました。

「……え？」

「なんだ、あれ」

「龍でないの？」

「おいおい、ホントに？」

8人全員が見ていました。

上空の雲と平行にかかっている雲、そのあいだを、龍は下から斜めに上がっていました。しばし見惚れていましたが、だれかがハッと気づいてデジカメのシャッターを切りはじめると、みんな思い出したように慌ててカメラを取り出して、龍を写真に残そうと、一心不乱に撮影していました。

残念ながらわたしのデジカメは車のトランクに入れっぱなしでしたので撮っていないのですが、首から大きなカメラを下げたマニアは、しっかりシャッターを押していました。

やがて龍は上空にかかっている雲の向こうに姿を消しました。龍が通り過ぎた雲のあいだには、ぼんやりと虹が出ていました。

あとで聞いたところによると、わたしたちの後ろにあった山は、アイヌの人には「神聖なる山」とされているそうです。

さて、撮影した龍の写真ですが、残念なことに1枚もうまく撮れていませんでした。揃いも揃って不思議な写真が撮れたのです。

大きなカメラ以外はデジカメですから、撮ってその場ですぐにチェックしたのですが、みんな同じようなものが写っていました。

四角い画面に白か山吹色の大きな縞が、斜めに1本か2本入っているのです。縞以外の部分は黒でした。

デジカメがその瞬間だけ同じように故障したとも思えませんし、みんなプロではありませんが、カメラ好きなアマチュアプロのような人たちです。慌てすぎて指の写真を撮ったとも思えません。現像に出した大型カメラの写真も、同じように光の縞が写っていたのです。

高校生のときに見た龍なのかは不明ですが、これで2度のご対面に至った次第です。

共鳴

去年、畑の見学ツアーに50人くらいの団体さんが来ました。なかに背の低い外国人女性がいました。

通訳の人がいるわけではないので、「英語で話しかけられたらどうしようか」と思っていると、近づいてきて、おもむろに日本語で話しはじめました。

「わたしもUFOを見ました」

「はい？」

白人女性からいきなり日本語でUFOの話をされるなど思ってもみませんでしたので目を丸くしていると、彼女はわたしの驚きを気にすることもなく話しつづけました。

「『奇跡のりんご』を読んで来たのです。UFOのことが書いてありましたよね。著者の石川さんは幻想を見たんだろうと書かれていますが、それは違うと思うんです」

彼女はりんご畑を見に来たのではなく、UFOの話をしたくて来たようです。

「会いたくて、会いたくて、ひとりで参加したのです」

聞くところによると、彼女は一昨年にアメリカから日本に来て、いまは長野県内に住んでいるそうです。

多忙な旦那さんはアメリカと日本を行ったり来たりして家を空けるため、彼女はひとりで留守番をすることが多く、夜は寂しいので友達を自宅に誘ってよくホームパーティをするそうです。

彼女は団体から離れて語りつづけました。

「ある夜のことです。パーティをしている家の外から、ヒュ～ンヒュ～ンという音が聞こえてきたあと、鞭を打つような音がしました。バシ、バシというより、パシッパシッという甲高い音でした。ハッキリ聞こえていましたが、だれかが外でそんな音のする遊びでもやっているのだろうと、まったく気にも留めませんでした。パーティに招待していた仲のよい友達たちも気にしていない様子でしたし、ひとりはそのままうちに泊まっていくことになっていたので、まったく怖くなかったのです。おしゃべりに花を咲かせ、楽しい時間を過ごしていました。

何日かが経ち、今度はひとりで留守番をしているときに、窓の外からヒュ～ンヒュ～ンという音が聞こえてきました。そのあと、やはりパシッパシッと強く鞭を打つような音がしました。

主人は出張で家を空けていました。

友達が来ているときには大して気にならなかったのですが、自分ひとりしかいない静かな空間にいると、とてもうるさく感じました。

事と次第によっては、音を出している者に注意してやろうと、勢いよくリビングのカーテンを開けた瞬間、窓の向こうに浮かぶ丸い巨大なＵＦＯを見たのです。

目と鼻の先に浮かんでいました。

声にならない悲鳴が出ました。

いまのはなに！　なぜうちのすぐ横に!?

カーテンをシャッと瞬間的に閉じました。閉じてから一気に恐怖が襲ってきました。すぐさま家中の電気という電気を点け、ベッドに入って毛布をかぶり恐怖に震えていました。

気づくと眠ってしまったようで朝が来ていました。

海外にいる主人に電話をかけて助けを求めました。

突然そんなことをいわれた主人は呆れて、『夢を見ているのか』とまったく取り合ってくれないばかりか、『ひとりでいる時間が長いから幻想でも見たんじゃないのか』というのです。仕方なく、その晩もひとりで過ごしました。

同じ音がしました。

ＵＦＯが来たのです。

今度はリビングのカーテンを開けず、端のほうからこっそりと外を窺いました。すると、チラッと見える玄関先にはＵＦＯだけではなく、宇宙人らしき人物が立っているのが見えたのです」

そこまで話して、彼女はおもむろに聞きました。

「木村さんがお会いになった宇宙人はどんな人でしたか？」

わたしはこれまでに見た宇宙人の姿かたちを大まかに説明しました。

「そうですか……わたしが見た宇宙人とは違うようです」

少し残念そうにいいました。

「わたしが見たのは小学生よりも背丈があって……そして、この世のものとは思えない姿をしたペットを連れているのです」

「ペット？　ペットを連れていたのですか」

「そうです。ペットもそうですし、それを連れている人も、とてもこの世のものとは思えない姿をしているのです。わたしはすぐに宇宙人だと思いました」

口振りから察するに、ペットというのは、例えば小型犬のようなサイズのものを宇宙人が抱っこしている状態ではなく、かなり大型で、鎖で繋がれているようなサイズのイメージでした。

その遭遇のあと、彼女は心底恐ろしくなり、家中の戸をロックして回ったそうです。

彼女は再び話しはじめました。

「UFOと宇宙人の訪問はそれで終わることなく、何度も続きました。夢なんかではありません。その証拠にわたし以外の人も見ているのです。

一回は近くに住んでいて、わたしの家にもちょくちょく遊びにきている実の母親が一緒に見ました。

母はヒュ～ンヒュ～ンという音と、パシッパシッという音に気づいて、以前のわたしと同じように、『うるさわねぇ』とばかりに、リビングのカーテンを開けて音の正体を確かめにいきました。止《と》める間はありませんでした。そこで見たのは、やはり窓の外に浮いているＵＦＯと、玄関前に立っている宇宙人の姿です。母は腰を抜かしそうになり、『こんな怖いところは早く売って引っ越しなさい！』といいました。

そういえば……と気づきました。たしかに怖いのですが、よく考えたら一切危害を加えてこないのです。何度も来ているのに、玄関の戸を破って家に侵入してきたり、窓を壊して入ってくるわけでもありません。一体なんの目的で来るのでしょう？　わたしが恐れをなくすのを待っているのか、それともほかに想像もつかないような目的があるのでしょうか……」

彼女はわたしをジッと見つめ、なにか答えを待つふうでしたが、宇宙人の行動にどんな意味があるのか、それはわたしにもわからないことです。

そう伝えると、彼女はちょっと残念そうな素振りでしたが、「ありがとうございました」と頭を下げ、団体さんのなかに戻っていきました。

気づいていないわたし

インフルエンザにかかり、寝込んでいたときのことです。

わたしはちょっとやそっと食べなくても平気ですし、からだは強いほうだと思いますが、なぜかインフルエンザにだけは毎年かかり、高熱が出ます。

医者に行くと、「安静にして、風呂には入っちゃダメ」といわれましたが、前日も湯舟に浸かっておらず、気分転換も兼ねてひとっ風呂浴びたほうがサッパリして意外と早く治るんじゃないだろうか、そう考えました。次の日に来客の予定があり、人に会うなら、せめて頭ぐらいは洗ってヒゲも剃らなければと思ったのです。

医者の忠告を無視して風呂に入っていると、急におかしくなってきました。平衡感覚が狂ったようで、天井がぐる～んと回ります。「地震が来たのかな？」と思いましたが、シャンプーやリンスなどは倒れていません。「のぼせたな、めまいだな」と思っているうちに、今度は異常に寒くなってきて、歯の根が合わないほどガタガタ震えはじめました。季節はもう雪がないころで、鳥肌が立つほど寒い時期ではないのに、とにかく冷えてしょうがないのです。慌ててヒゲだけ剃って上がりました。

女房は買い物に行っており、家にはわたしひとりでした。

ストーブを2台焚き、電気毛布にくるまって横になりました。裸のままでしたが、普通なら暑くてしょうがない状態でありがなら、どうにもこうにも寒くて震えていました。

そのまま眠ってしまいました。というよりも気を失った感覚でした。

どれくらい時間が経ったのかわかりませんが、意識が戻ると、部屋の空間には巨大なシャボン玉がたくさん浮かんでいました。上から降ってきていました。

ボーっと見ていると、次の瞬間、そのなかに入っていました。どうやって入ったのかはわかりません。「知らないうちに」というよりほかありません。気がついたときには、からだがシャボン玉に包まれていて、フワフワとゆっくり上がっているのです。

シャボン玉のなかでは自由な体勢でいられました。苦しくもありませんし、震えていたからだも、まったく異常ありません。

そのまま部屋の天井を越え、3メートルほどの高さで止まりました。

上空から、電気毛布にくるまって寝ている自分を見下ろしていました。

しかし、その人物が自分だとわからないのです。

「あそこに寝てるのはだれだ？　だれが寝てるんだ？」

としきりに思っていました。

幽体離脱を体験した人は、よく「自分で自分を見下ろしていた」といいますが、少し違う感じでした。自分なのに、わたしはわたしのことがわからないのです。

さらに、異変に気づきました。

わたしは歯がないのに、シャボン玉のなかのわたしには歯があるのです。「あれ、歯が生えてきた？」と疑問に思っているうちに、次はワイシャツを着ていることに気づきました。裸で寝ていたはずなのに、下はちゃんとズボンもはいて、足にはズックもはいていました。シャツは色のついた大きい格子柄です。

そのときに思いました。

「あ、死んだんだ……」

シャボン玉はぐんぐん上昇していきました。

遙か向こうのほうにも、一緒に上がっていくシャボン玉がふたつあることに気づきました。

なかには人が入っていて、ふたつとも女性のようでした。漠然と、

「わたしと一緒にあの世に行く人たちなんだろうな」

と思いました。

シャボン玉のなかはとにかくフワフワ気持ちがよく、ただ身を委ねていました。

しばらくして、ハッと気がついたときには真っ暗な場所にひとりで立っていました。どうやってシャボン玉が割れたのか、どんなふうに着いたのかは覚えていません。

生きているときの感覚とは少し違っていました。別人になったわけではありませんが、自分が自分であるという確信がないというか、「わたしらしい」わたしは、断片的にしか

いないのです。

辺りは真っ暗闇でなにも見えませんが、うろたえることなく、なにかに導かれるようにすぐに歩きはじめました。

どっちに向かっていいのか、なんの意味があるのかまったくわからないにもかかわらず、からだが勝手に動きました。糸かなにかに引っ張られるように、迷うことなく一心に歩いていきました。

しかし、足を取られてまともに歩けません。「ずいぶん歩きづらい場所だな」と不平が出てきました。足を使って歩いている感覚がしっかりあったことになります。

ひたすら歩きました。歩けど歩けど真っ暗闇。「三途の川があって、向こう岸に綺麗な花が咲いていて、白い着物を着た人がおいでおいでをしていた」という話を聞きますが、わたしの場合は全然なく、ただ暗い道を歩きつづけるだけです。

歩きながら、「死んだじいちゃんとばあちゃんに会いたいな」と思っていました。わたしも死んだのなら、じいちゃんとばあちゃんに会えるんじゃないか……と思った瞬間、突然、目の前にふたりが現れました。

記憶に残っている当時のままの姿で、元気にしゃんとしていました。映像を見るような現実味のない感触ではなくて、生身の人間のようにしっかりとした存在で立っています。

「俺だよ、秋則だよ」

と呼びかけました。しかし、じいちゃんは他人みたいな顔をして迷惑そうに、

「お前はだれだ？」

といいました。

わたしは寂しくなって、

「じいちゃん、のりだよ、のりだよ！」

と一生懸命訴えるのですが、まったくわかってくれません。じいちゃんだけではなく、ばあちゃんも不機嫌そうな表情で、「あんた、なんでわたしをここに呼んだの、まったく……」とでもいいたげな顔つきです。感動の再会とはほど遠く、終始「なんなんだ？」という雰囲気でした。

そして、突然に消えました。現れたときも、どこかべつの場所から歩いてきたわけではなくパッと現れましたが、同じように、どこかへ去っていったのではなくて、瞬時に消えてしまいました。

「死後の世界とはこんなものなのか？」

寂しい思いをしながら、再び歩きはじめました。

どれくらい歩いたのかわかりません。歩いて歩いて歩いた末に、目の前に石で造られた柱が2本立っている門のような建物が現れました。見上げても一番上がどうなっているのかわからないくらい巨大で、まさにそびえ立っていました。

門をくぐってさらに歩きつづけました。

ひたすらに歩いていくと、再び門が現れました。

同様にして、かなり歩いた末に現れる門をいくつか越えたころ、真っ暗だった世界が少し明るくなり、まわりが見えてきました。

最初に見えたのは、ずいぶん遠くにある山でした。この世にある山と同じで、雰囲気は写真で見たアメリカのグランドキャニオンのような断崖が切り立っている険しい山です。

「あぁ、山があるんだ」

単純にそう思いながら、ひたすらに歩きました。

5つ目の門を越えたとき、遥か前方に、明るい点のようなものが見えました。

本当に小さな点でしたが、薄暗いなか、白く輝いていました。

その点に向かって歩いていきました。点はどんどん大きくなり、光になりました。キラキラ輝くような光ではなく、ほのかな灯りでした。なんのためのものなのか、光源がどこにあるのか、なにもわかりませんでした。

さらに歩いていくと、6つ目の門が見えました。終点のようで、くぐった先には、まぶしいほど明るい場所に巨大な建物がありました。

「ようやく着いたな」

右前方に縁側があることに気づき、腰かけて休むことにしました。

よく見ると縁側は延々と続いていて、相当な人数が座れそうでした。１００人や２００人ではきかないくらいの長さですが、ほかにはだれもいません。一番手前に座りました。しばらくすると、白いワンピースのようなものを着た人がふたり、どこからかスーッとやってきました。髪が肩まで伸びていますが、男性か女性かはわかりません。

「案内する」といいました。

縁側のある建物は一番高い場所にあったようです。その先は緩やかな斜面が続いていて、ふたりに先導されて下っていきました。

なんの疑問もなく、後ろをついていくあいだに、ふたりは歩いているのではなく、浮いていることに気がつきました。白いワンピースがとても長く、つま先まですっぽり覆っているため足自体は見えませんが、隠れている足はまったく動いていませんでした。漫画に登場するオバケのＱ太郎のようにスーッと行くので、普通に足を使って歩くわたしは、あとをついていくのに四苦八苦しました。

開けた土地に出ました。１階建ての家が数えきれないほど並んで建っていました。みな同じ造りで、なぜか窓や戸がありません。その一軒一軒に、案内してくれているふたりと似たような、男か女かわからない人たちがひとりずつついて、窓も戸もないのに、出たり入ったりしていました。

遥か向こうに先ほどとは違う山が見え、そのふもとまで１本の白い帯が続いていました。

ふたりに連れられて近づいていくと、だんだんと様子が明らかになりました。白い帯に見えたのは、ふたりと同じものを着た人たちがずらり並んでいる姿でした。若くもなく、老いてもなく、同じように見える大勢の人々が2列縦隊で整然と並んでいました。この世界では、わたしだけが格子のワイシャツです。

整列している人たちの横を通りすぎ、白いドアがあるところまで案内されました。ドアの向こうには、それほど深くない川が流れていました。下流になにがあるのか上流がどうなっているのか、まったくわかりませんでした。川のなかにはやはり同じ格好をしたふたりの人が入っていて、並んでいる人たちをひとりずつ川に流していました。流す役目の人は並んでいる人を抱えると、頭を川の進行方向に向け、仰向けにして流します。流されていく人たちはみんな無言で、機械的に当たり前のように流されていました。10人ほど流されていく人を見たでしょうか。案内してくれたふたり組が、

「これは次に生まれ変わるために必要なことなのです」

と説明してくれました。

輪廻転生とでもいうのでしょうか。「そういうものなんだろうな」と妙に納得しました。

ふたり組はひとつ注意をしました。

「建物のなかにいる人たちの背中、後ろを決して横切ってはなりません」

どういう意味があるのかわかりませんでしたが、出たり入ったりしている人たちの側を

歩くこと自体がよくないのだろう思い、「はい」と返事をすると再び案内されて、引き返すかたちでなだらかな坂を登り、1階建ての家が並ぶ斜面に戻りました。

なかにいる人たちがなにをしているのか、どうしても気になってしまいました。ちょうど、家から出てきてなにかを始めたので、斜め前から近寄っていくと、クルッと背を向けました。後ろを横切らないようにしていたのに、結果的にわたしはそうしてしまったのです。

突然、空気が抜けたようにしぼんでしまいました。目の前でいきなりスルスルと崩れていったので超慌てました。

案内人のふたりがしぼんだ人に近づき、なにかを施すと元通りになって動きはじめました。

ふたりはすごく怒っていて、「あれほど注意したにもかかわらず、まったくしょうがない！」というような感じで、散々叱られました。

なぜ後ろに立ったり横切ったりしてはいけないのか、説明はありませんでしたが、この人たちはなにかを食べているようには見えませんでしたので、エネルギーというか、動力みたいなものを背中から受けていたのでしょう。家から出てくるのは、背中にパワーを蓄えるためではないかと、勝手に解釈しました。

詳しく聞く間もないうちに、案内人は先へ進んでいきました。わたしは普段歩くのは早いほうですが、ふたりが進む速度はとにかく早いので、歩きにくい道をついていくだけで必死です。

出発したときとはべつの建物のところまでくると、ふたりは「ここで休んでいてください」といい残し、建物のなかに入っていきました。そして、出たり入ったりを繰り返し、なかなか戻ってきませんでした。

建物の辺りはほかの場所より断然明るくて、わたしはこの世界にやってきて初めて、自分が歩いてきた地面をちゃんと確認することができました。

それでやっとわかりました。歩きにくいと思ったのは、地面が砂のようだったからです。6つの門をくぐった道のりと足元の感覚は同じですから、きっとこの世界の地面はすべて砂のようなものでできているのでしょう。

瞬間的に、

「よし、ここで大豆を蒔いて野菜を作ろう」

と思いました。

この世界に何人住んでいるのか知りませんが、とにかく生きていたときと同じように、無農薬で美味しい野菜を作り、みんなに食べてもらおうと真剣に思ったのです。

そんなことを考えていると、ものすごい地鳴りが始まりました。巨大地震かと思うくらいの音の大きさに、思わず地面に伏せました。砂地を震えさせる地鳴りは4回鳴り響き、間隔をあけて、また4回来ました。

案内人のふたりが助けにきてくれるのではと思いましたが、一向に来る気配はありません。わたしは立つのが怖くて、はいつくばりながら地鳴りに耐えました。

すると、何回目かの地鳴りのとき、4回来る最後の地鳴りの音が「り」に聞こえたのです。

「〜〜〜〜、〜〜〜〜〜、〜〜〜〜〜、り〜〜〜〜」

ハッとしました。もしかしたら自分の名前ではないかと。わたしの名前は「あきのり」ですから、「あ」、「き」、「の」、「り」という音が地鳴りになって聞こえているのではないかと考えたのです。

改めて地鳴りを聞くと、間違いなくその通りです。

「だれかに呼ばれているけれども、一体どうすればいいのかな」

そう思った次の瞬間、わたしはあの巨大なシャボン玉のなかにいました。

シャボン玉がどこから来たのか、どうやって乗ったのかはわかりません。とにかくなかに入っていました。

シャボン玉は、まだ案内されていない建物の裏手に回ったあと、ものすごいスピードで降りていきました。景色もなにも見えません。来るときに感じたフワフワとした気持ちよさもありません。あまりに展開が早すぎて、「落ちる！」という声も出せませんでした。

気がつくと、風邪で寝込んでいるわたしの3メートル上で止まっていました。

最初に見たときと同じポーズのまま横たわっていました。

わたしはシャボン玉のなかから、電気毛布にくるまっているわたしのからだに、重なるようにしてゆっくり入っていきました。

「あっ」と思うと、歯は元通りありません。格子のシャツもズボンもズックも消えて、不思議な感覚だけが残っていました。

あちらの世界にいたのは、時間にしてどれくらいか、まったくわかりません。もしかしたら、こちらの世界の時間にして1秒くらいのことかもしれません。

風邪は3日くらいして完治しました。

しばらくのあいだは、その出来事が夢だったのか妄想だったのか、もしかしたら本当に臨死体験なのか、わたしは女房だけに正直に話し、互いにいろいろ考えました。しかし、日々の仕事に追われ、あれこれと考える時間はなくなっていきました。

それから1年以上が過ぎたある日、横浜で思いがけない再会を果たしました。

無農薬りんごに関する講演会でのことです。

わたしのりんごから作ったジュースを扱ってくれている、自然野菜や雑貨を扱うお店が主催する講演会でした。話し終えたわたしに、

「いまから会いたい」

と電話がかかってきたのです。

電話の主は女性で、主催者も知らない人でした。最初は、

「木村さんがきょうそちらで講演されると聞いたのですが、まだ大丈夫ですか？」

という問い合わせでしたが、講演が終了したことを告げると、

「急いで行きますので、会ってくださるようにお伝えください」

と熱心に頼んできたそうです。

わたしは節約のために弘前から東京まで高速バスで来ていました。講演は昼過ぎに終わっていましたので、帰りの高速バスが浜松町のバスターミナルを出発する夜9時まで、横浜で時間をつぶそうと考えていました。ひとりの人に会うくらいの時間は余裕でありました。

わたしは別段なにも考えずに、

「わかりました。待っていますと伝えてください」

と会う約束をし、お店の駐車場で、停めてある2トン車に寄っかかって煙草を吸っていました。その人がお店に訪ねてきたら、店員さんがわたしを呼んでくれるだろうと思ったのです。

やがて駐車場に1台の黒い車がやってきました。クラウンかセドリック……クラウンだったように思います。運転手付きでした。

わたしはクラウンが停まった位置から100メートルくらい離れたところにいましたので、停車したときは運転手付きかどうかわかりませんでしたが、後部座席から人が降りるときに運転手がドアを開けたので、そうだとわかりました。

「ああ、ずいぶんお金持ちのお客さんが来たんだな」

と思って眺めていました。

車からは黒っぽいスーツを着た、髪の長い女性が降りてきました。

しかし、お客さんではないようでした。お店にも事務所のほうにも行かず、真っすぐこちらに向かって歩いてきます。

「?」

駐車場は広く、バンやワゴン車、トラックなどが何台も停まっており、わたしもその隙間から辛うじて黒塗りのクラウンを覗いているのです。もし彼女がわたしの待ち人だとしても、立っているわたしを見つけるのは無理でしょうし、そもそも顔だって知らないでしょう。

しかし、彼女は最初からわたしがどこにいるのかを知っているかのように、なんのためらいもなく向かってくるのです。

どきどきしていると目の前までやってきて、確信に満ちた口調でいいました。

「木村秋則さんですね」

ずばりいわれてびっくりしました。さらに驚くことに、彼女は近くで見ると20代前半の若さなのです。「大学生かもしれない女性が運転手付きの黒塗りとは……」。まったく相容れない組み合わせに目を丸くしていると、にこやかに話しかけてきました。

「大変お待たせしました」

なんと答えていいのか戸惑い、挨拶もせずに聞き返していました。

「あなた、きょうはどんなご用件で？」

すると、なんのもったいぶりもなく、

「あの日、大きなシャボン玉に乗って、3人で上に昇りましたよね」

そう話しはじめたのです。

「ひとつは木村さんが乗っていて、あとふたつシャボン玉があったはずです。そのうちのひとつにわたしも乗っていたんです」

返す言葉がありません。

初めて会った、大学生のような若い女性が、わたしの夢か幻か臨死体験か、いまだに謎の出来事の一部始終を細部までみんな知っているのです。

唖然としていると、続けていいました。

「木村さんとわたしと、もうひとりで一緒に行きましたが、その人はあの世で待っています」

「……」

混乱する頭を整理すべく、あの日のことを思い出してみました。

たしかにわたしのシャボン玉のほかに、女性が乗ったシャボン玉がふたつ、一緒に昇っていくのを見ましたが、シャボン玉で帰ってくるときはわたしひとりでした。そう思っていましたが、目の前にいる女性も一緒に戻ってきたというのです。わたしは自分のシャボン玉以外は見えませんでしたが、彼女はしっかりとわたしのことを確認していたわけです。

そして、もうひとりはあちらの世界でわたしを待っている……。

「いったい、あなたは、なに……」

彼女は驚くべきことをいいました。

「わたしは木村さんのあの世への案内人なんです」

「……」

自問自答を繰り返しました。

あの日の出来事を女房以外が知るはずがないのにな……。

あの世への案内人ということは、この人は人間ではないんでないか？

でもよ、黒塗りの車に乗ってこの世で生きているしなぁ。

なにもかもが、まったく理解できません。

思考停止に陥ったのでしょう、どうでもいいことを訊いてしまいました。

「あなた、おいくつですか？」

その答えが疑問を解決する鍵になるはずはありません。けれども、少しでも彼女の情報を得たほうがいい気がしたのです。なにか現実的なとっかかりが欲しかったのかもしれません。

すると、質問してすぐ、何事もないように答えました。

「もうすぐ50歳になります」

平静を取り戻そうとしましたが、ますます混乱してしまいました。

おもむろに彼女が語りはじめました。

あらためて断っておきますが、彼女の運転手は車のなかで待っており、駐車場にはわたしと彼女のふたりしかいませんでしたが、お店の社長さんも女性がわたしのところに歩いてくる姿をわりと近いところから見ていたそうで、あとで話しましたところ、「木村が若い女性をたぶらかしとる？」と思っていたそうですから、夢でもなんでもありません。本当にあった日中の立ち話です。

話をするうちに、彼女の人生を少し知ることになりました。

彼女は北海道の生まれだといいました。

3歳になるころには、もう20歳くらいの考え方や経験値を持っていることに周囲の大人たちが気づいて、大変不思議がられたそうです。

やがて彼女は小学校に入り毎日元気に登校していました。

ところが、あるとき家に帰ると母親から、

「あなた、学校へ行かずに遊んでいたでしょ」

と叱られたそうです。ひとり道路で遊んでいる彼女を見た人が知らせてきたのです。

そんなはずはありません。彼女はちゃんと学校で授業を受けていました。

同じことが何度か続き、そのたびに彼女は叱られました。

「わたしは学校へ行っている」

抗議するのですが、受け入れてもらえません。

彼女は薄々気づいていました。

「もうひとりの自分が、学校へ行かずに遊んでいるんだ。自分と同じ姿かたちをした分身がいるんだ……」

小学校3年生のときです。ついに、彼女はお母さんに連れられて一緒に学校に行くことになりました。

その帰り、お母さんはいまさっき自分が送り届けた我が子が、いるはずのない道路で遊んでいる姿を見てしまったのです。

変な噂が広まるのに時間はかかりませんでした。北海道の小さな街にいられなくなった一家は、関西に引っ越しました。彼女はそこで成長し、いまは東京に住んで仕事をしているそうです。彼女のお父さんとお母さんはまだ関西に住んでいるとのことでした。

小一時間ほど話したでしょうか。彼女はわたしが浜松町へ行くことも知っているかのように、

「わたしはこれから東京に帰りますが、よかったら一緒に乗っていきませんか?」

と聞いてきました。

わたしはなにも考えず、ただ、

「いえ、電車で行くので大丈夫です」

と断りました。

そして、もうこれで最後になると思い、一番大切なことを訊ねてみました。

「なぜ、わたしにこんな話、しにきたのですか?」

彼女はいいました。

「木村さんが気づいていないからです」

それは、彼女というあの世への案内人がいることに気づいていないという意味ではないようでした。

この言葉を伝えるためだけに来たとしか思えない毅然さがありました。

「あなたが気づかないばかりに、です」

彼女は再度そういうと、

「では、お気をつけて」

と会釈をし、車に向かい、ゆっくり去っていきました。

わたしたちはお互いの連絡先を知らせることもなく別れました。連絡先どころか、余裕がなくて名前さえ聞けませんでしたので、いまだに知らないままです。

それでも構わないのです。

そう遠くない将来に、間違いなく彼女に会うことになるのですから。

「また必ずお会いしますね」

そういっていました。

そのときまでに、わたしはまだ気づいていないなにかに、気づくことができるでしょうか。

一体なにが、わたしには足りないのでしょうか。

それを探す日々が、これからも続くのです。

右上。八戸のシーガルビューホテルの講演会で撮影されたオーブ

手前の人の襟首下に、曼陀羅オーブが写っています。いちばん左がわたし

すべては宇宙の采配

2009年8月8日　初版第1刷発行

著　者　木村秋則
発行人　保川敏克
発行所　東邦出版株式会社
〒171-0014
東京都豊島区池袋2-30-13
TEL 03-5396-7100　FAX 03-3989-1232
http://www.toho-pub.com
印刷・製本　株式会社シナノ
（本文用紙：プラナスクリーム84kg）